Abrir-se para Deus

Lectio divina e vida como oração

David G. Benner

Abrir-se para Deus

Lectio divina e vida como oração

Edição expandida

Tradução
Cecília Camargo Bartalotti

Título original:
Opening to God – Lectio Divina and Life as Prayer
© 2010 by David G. Benner
Afterword and study guide © 2021 by David G. Benner
InterVarsity Press – P. O. Box 1400, Downers Grove, IL 60515
ISBN 978-0-8308-4686-3

Originally published by InterVarsity Press, LLC as *Opening to God (Expanded edition)* by David G. Benner. © 2010 by David G. Benner. Afterword and study guide © 2021 by David G. Benner. Translated and printed by permission of InterVarsity Press, LLC, P. O. Box 1400, Downers Grove, IL 60515, USA. www.ivpress.com

Originalmente publicado por InterVarsity Press, LLC como *Opening to God (Expanded edition)* by David G. Benner. © 2010 by David G. Benner. Posfácio e guia de estudo © 2021 by David G. Benner. Traduzido e publicado com permissão de InterVarsity Press, LLC, P. O. Box 1400, Downers Grove, IL 60515, USA. www.ivpress.com

Dados Internacionais de Catalogação na Publicação (CIP)
(Câmara Brasileira do Livro, SP, Brasil)

Benner, David G.
   Abrir-se para Deus : lectio divina e vida como oração / David G. Benner ; tradução Cecília Camargo Bartalotti. -- São Paulo, SP : Edições Loyola, 2023. -- (Oração)

   Título original: Opening to God : lectio divina and life as prayer.
   ISBN 978-65-5504-226-9

   1. Bíblia - Uso devocional 2. Oração - Cristianismo 3. Vida espiritual - Cristianismo I. Título. II. Série.

22-135438   CDD-248.32

Índices para catálogo sistemático:
1. Oração : Cristianismo   248.32
Eliete Marques da Silva - Bibliotecária - CRB-8/9380

Preparação: Mônica Glasser
Capa: Viviane Bueno Jeronimo
   Composição e montagem a partir da foto de
   © Delphotostock | Adobe Stock e da ilustração de
   © SB | Adobe Stock.
Diagramação: Sowai Tam
Revisão: Rita Lopes

Edições Loyola Jesuítas
Rua 1822 nº 341 – Ipiranga
04216-000 São Paulo, SP
T 55 11 3385 8500/8501, 2063 4275
editorial@loyola.com.br
vendas@loyola.com.br
www.loyola.com.br

Todos os direitos reservados. Nenhuma parte desta obra pode ser reproduzida ou transmitida por qualquer forma e/ou quaisquer meios (eletrônico ou mecânico, incluindo fotocópia e gravação) ou arquivada em qualquer sistema ou banco de dados sem permissão escrita da Editora.

ISBN 978-65-5504-226-9

© EDIÇÕES LOYOLA, São Paulo, Brasil, 2023

Para meu pai, Gordon Wilson Benner (1920-2007),
cuja vida foi uma oração e para quem a oração era sua vida.

E para meu amigo Fr. M. Basil Pennington, OCSO (1931-2005),
que me ajudou a descobrir a *lectio divina* como
um modelo para a oração e a vida.

Sumário

Agradecimentos — 9

Introdução — 11

1 Mais do que se pode imaginar — 15

2 Preparação para o encontro divino — 29

3 *Lectio divina* e quatro caminhos clássicos para a oração — 43

4 Oração como atenção — 59

5 Oração como ponderação — 79

6 Oração como resposta — 97

7 Oração como ser — 115

8 Vida como oração, oração como vida — 135

9 Oração transformacional — 147

Posfácio — 157

Guia de estudo para reflexão e discussão — 163

Agradecimentos

Este livro começou como uma série de palestras na Christ Church Cathedral, em Victoria, Colúmbia Britânica, Canadá, durante a Quaresma de 2009. Quero agradecer ao Reverendíssimo Dr. Logan McMenamie, reitor da Colúmbia e da Cathedral, por convidar a mim e a minha esposa para fazermos esta série de meditações quaresmais sobre a oração — a parte dela também resultou em um livro[1]. Também quero agradecer às pessoas da paróquia e da comunidade que compareceram a essas sessões e interagiram comigo de forma tão útil sobre as ideias que eu estava tentando articular.

Agradeço também a minha agente, Kathy Helmers, por sua ajuda nos estágios iniciais da preparação do manuscrito, e a meu editor, Al Hsu, por suas sugestões como sempre extremamente úteis no processo de revisão. E, mais uma vez, estou feliz em poder reconhecer e agradecer a minha esposa, Juliet, por seu papel contínuo em minha jornada espiritual, especialmente pela maneira como ela serve de modelo para uma vida que é oração. A oportunidade de trabalhar com ela em contextos de palestras, oficinas e retiros nas últimas décadas é uma das experiências mais gratificantes de minha vida.

Por fim, quero agradecer também a DJ Watanabe por sua ajuda na preparação das perguntas para discussão nesta edição expandida.

---

1 BENNER, JULIET, *Contemplative Vision. A Guide to Christian Art and Prayer*, Downers Grove, Ill., InterVarsity Press, 2011.

Introdução

Abertura transformadora para Deus

Imagine como sua vida seria diferente se, a cada momento, você estivesse constantemente aberto para Deus. Pense em quanto sua experiência de si mesmo, dos outros e do mundo mudaria se você estivesse continuamente sintonizado com a presença amorosa de Deus e permitisse que a vida de Deus fluísse para dentro e através de você a cada respiração. Essa vida seria, ela própria, oração, pois, como vamos ver, a oração não é simplesmente palavras que oferecemos quando falamos com Deus, mas uma abertura de nosso ser para Deus.

A maioria de nós vive a maior parte da vida em algum ponto entre os extremos de estar completamente fechado para Deus e completamente aberto. É por isso que falo em abrir-se. Abrir-se implica não só uma posição, como também uma direção — uma direção de movimento no sentido da abertura total. Esse movimento reconhece que, mesmo aqueles de nós que ansiamos por conhecer uma comunhão e união profundas com Deus, somos ambivalentes quanto à vulnerabilidade da entrega que isso envolve. Hesitamos em nossa abertura, geralmente dando um passo inseguro em direção a ela e recuando rapidamente outra vez. Obstáculos obstruem os canais do eu que desejamos abrir totalmente para Deus, bloqueando nossa capacidade de receber a plenitude da vida divina. Esses obstáculos podem assumir muitas formas: psicológicas (nossos medos e feridas não cicatrizadas), teológicas (nossas visões distorcidas de Deus) e espirituais (apegarmo-nos rigidamente a práticas espirituais que não mais nos trazem vida). São esses tipos de bloqueios à abertura que Deus deseja remover para que possamos nos tornar cada vez mais abertos para ele e cheios da própria vida dele.

É por isso que a oração traz em si a possibilidade de ser tão transformacional. Claro que, por meio da oração, Deus pode tocar o mundo. Mas, acima de tudo, por meio da oração Deus nos toca e nos transforma. Tornamo-nos completos à medida que aprendemos a viver em abertura diante de Deus. E, quando respondemos ao fluxo constante de vida de Deus, Deus toca o mundo.

A possibilidade de transformação está no centro da fé cristã. Pense na promessa de nascer de novo ou, se esse termo soar muito arcaico ou parecer mais adequado a alguma outra tradição de fé que não a sua, de conversão ou despertar espiritual. A magnitude das mudanças implícitas nesses conceitos talvez seja um pouco constrangedora para nós, quando nos sentimos desencorajados pelo progresso extremamente limitado que costuma resultar de nossos projetos de autoaperfeiçoamento espiritual. Mas eles nos lembram de que o cristianismo é construído sobre a esperança de que, em Cristo, tudo será renovado.

A transformação é fundacional para a espiritualidade. Ao contrário da religiosidade, que pode envolver nada mais do que crenças e práticas, a espiritualidade envolve uma jornada. Muito mais do que mera identidade, é percorrer um caminho. Isso, claro, é particularmente evidente no caso da espiritualidade cristã, já que os primeiros seguidores de Jesus foram chamados de seguidores do Caminho. E a oração foi central para esse Caminho desde que os primeiros discípulos pediram a Jesus que os ensinasse a rezar.

A oração não seria digna de ser chamada de prática espiritual se não desempenhasse um papel central nesse profundo trabalho interior de transformação. Talvez você nunca tenha pensado na oração nesses termos. Eu certamente não o fiz por um bom tempo. Estava satisfeito em pensar nela como um trabalho espiritual, mas nunca considerei que ela poderia ser o meio pelo qual Deus ganhasse acesso a mim para fazer o trabalho espiritual de transformação. Isso não só mudou a forma como entendo a oração, como também, e muito mais importante, meu papel e o papel de Deus em todo o processo.

Se, no entanto, você reparou no subtítulo deste livro, talvez esteja se perguntando como a antiga prática monástica da *lectio divina* se associa a essa dimensão transformacional da oração. Qualquer coisa que venha até nós de um mosteiro talvez lhe pareça exótico, mas irrelevante para os cristãos do século XXI que vivem vidas atarefadas no mundo. Mas isso não poderia estar mais distante da verdade, pois, como vamos ver, essa antiga prática de oração foi desenvolvida expressamente para fins de transformação. Era entendida como uma forma de nos abrirmos para Deus de modo a podermos ser tocados, despertados, realinhados, integrados e curados. Ou, poderíamos dizer, é uma maneira de nos abrirmos para Deus a fim de nascermos de novo e de novo, em uma série contínua de conversões que, juntas, constituem esse grandioso processo de transformação. Essa é precisamente a dádiva que nos oferece a *lectio divina*. Ela nos leva a um modo de entender e praticar a oração que é muito diferente de como a maioria de nós a entende e pratica, porque nos leva a nos abrirmos para Deus de modo que Deus possa orar em e por meio de nós.

Esteja preparado, portanto, para ter seu entendimento e sua prática da oração mudados. Na verdade, se você não estiver aberto para que isso aconteça, poupe seu tempo e largue este livro. Ele não é para você. Se, no entanto, você procura uma abertura mais profunda para Deus e deseja que ele continue a obra divina de tornar novas todas as coisas — em você e no mundo — continue a ler. Se esse for você, é você a razão pela qual escrevi este livro. Eu o escrevi para ajudá-lo a ver como a oração é muito mais do que você nem sequer poderia imaginar; como coisas que você talvez nunca tenha considerado oração são, na verdade, maneiras de se abrir para Deus. Eu o escrevi para ajudá-lo a se mover da oração como algo que você faz — ou, pior, sente que deve fazer — para a oração como uma maneira de viver sua vida. Eu o escrevi com a intenção de que você e eu não nos tornássemos apenas pessoas que oram, mas pessoas para quem a vida é oração.

1

Mais do que se pode imaginar

Se formos sinceros, a maioria de nós tem que admitir que a oração é com frequência mais uma obrigação do que algo que surge espontaneamente do desejo. Parte da razão disso, eu penso, é porque a oração é frequentemente apresentada como uma disciplina espiritual. Disciplinas são coisas que não fazemos naturalmente, mas sentimos que devemos fazer, porque supostamente são boas para nós. Como você deve ter notado, a maioria das crianças não precisa que lhes digam para brincar. Só os adultos, para quem brincar como disciplina poderia ser necessário e potencialmente útil! No entanto, como veremos, a oração é a linguagem natural da alma. Portanto, há algo muito errado quando ela nos dá a sensação de ser algo que devemos fazer.

Mas nosso problema é mais profundo do que simplesmente pensar na oração como algo que devemos fazer. O verdadeiro problema e o núcleo do equívoco está em pensar na oração como algo que *fazemos*. Entendida mais corretamente, a oração é o que Deus faz em nós. Nossa parte tem muito mais a ver com consentimento do que com iniciativa. Esse consentimento, como vamos ver, é simplesmente dizer "sim" ao convite de Deus para o encontro amoroso.

A oração é tão mais do que poderíamos imaginar porque Deus está tão além do que podemos conter em nosso entendimento, ou mesmo em nossa imaginação. É por isso que o apóstolo Paulo orou para o Deus que, "pela força que age em nós, pode realizar muito mais que tudo o que pedimos e imaginamos" (Ef 3,20). E é por isso que Jesus, no

Sermão da Montanha, nos incentiva a pensar na incrível beleza de um campo de flores silvestres, quando nos preocupamos com o que vestir (Mt 6,25-34). Seu argumento é que, se nem mesmo Salomão se vestia com trajes tão esplêndidos quanto essas flores do campo, devemos confiar que, se é assim que Deus veste a relva no campo, seu cuidado conosco será ainda mais inimaginavelmente intenso.

A oração inclui dizer coisas para Deus, seja em silêncio ou em voz alta, seja petições em palavras ou intercessões que nós mesmos formulamos, ou orações formais escritas por outros. Mas é muito mais do que isso. Também pode incluir:

- ler uma passagem das Escrituras e ouvir nela a palavra pessoal de Deus para você;
- caminhar meditativamente pelas estações da via-sacra;
- acender uma vela na igreja ou em sua casa;
- deixar que a música carregue seu espírito para o Espírito de Deus;
- afirmar suas crenças lendo ou recitando os credos;
- rememorar o seu dia e reparar onde e como Deus esteve presente nele;
- meditar sobre as Escrituras e pensar no significado delas para a sua vida;
- manusear as contas de um terço como um apoio para a meditação;
- deixar que sua fome durante um jejum transporte sua atenção para Deus;
- lembrar suas bênçãos e responder com gratidão;
- repetir subvocalmente um mantra (por exemplo, "Vem, Senhor Jesus" ou "Meu Deus e meu tudo"), movendo a oração da consciência para o inconsciente e da mente para o coração[1];

---

1 Falo sobre orações de mantra no capítulo sete. Mas, no caso de você estar surpreso por ver esse termo aplicado a uma forma de oração cristã, devo dizer rapidamente que, como vamos descobrir, essas orações são cristãs em conteúdo,

- participar da celebração da Eucaristia (comunhão);
- fazer uma caminhada longa e sem compromisso enquanto repete a Oração de Jesus ("Senhor Jesus Cristo, Filho de Deus, tende piedade de mim, pecador!");
- confessar os pecados e pedir perdão;
- sentir o perfume de incenso durante uma liturgia e ter seu espírito elevado para Deus;
- fazer uma caminhada contemplativa na floresta, que o mova da preocupação consigo mesmo para a consciência de Deus;
- fazer o sinal da cruz ou curvar-se diante de um altar ou crucifixo;
- sentar-se em silêncio, deixando seu coração ser conduzido de volta a Deus pela repetição tranquila e periódica de um nome amoroso para Deus;
- ler orações litúrgicas ou outras orações escritas;
- recitar meditativamente o pai-nosso;
- prestar atenção em sua respiração: inspirar Deus a cada inalação e liberar Deus para o mundo a cada exalação;
- deixar que sua mente e espírito se voltem para Deus, quando você ouvir os sinos de uma igreja ou vir uma vela acesa, ou qualquer um dos infinitos lembretes que voltem sua atenção para Deus;
- cantar ou refletir sobre a letra de um hino ou canto favorito;
- meditar sobre um ícone ou uma obra de arte bíblica;
- deixar que seu coração se eleve em louvor sem palavras, em resposta a um pôr do sol, a uma tempestade, a uma flor ou árvore.

Alguns desses itens podem parecer estranhos para você, talvez tão fora de sua zona de conforto espiritual que se pergunte se merecem ser chamados de oração cristã. Mas todos eles foram profundamente gratificantes para cristãos de todas as principais divisões da Igreja e ao

---

ainda que a forma seja mais comumente associada a religiões não cristãs. Elas são uma maneira profundamente cristã de estar aberto em oração para Deus.

longo dos séculos da história cristã. Todos, portanto, são formas cristãs de oração e, por isso, têm muito a ensinar para quem quiser estar atento e receptivo a Deus.

No entanto, é muito importante reconhecermos que nada disso é automaticamente oração. Nem mesmo dirigir palavras ou pensamentos a Deus é automaticamente oração. Mas todas essas coisas — na verdade, tudo na vida — podem ser oração quando oferecidas a Deus com fé e com abertura. É a orientação subjacente do coração que faz com que algo seja oração. Sem um coração que esteja aberto para Deus na fé, algo pode parecer oração e pode soar como oração, mas não será uma oração cristã legítima. A oração legítima sempre começa no coração e é oferecida por um ato de nos abrirmos quando nos voltamos para Deus com fé.

As maneiras pelas quais Deus pode se comunicar conosco são infinitamente mais criativas e diversificadas do que poderíamos imaginar. Por causa disso, as maneiras pelas quais podemos nos comunicar com Deus são correspondentemente mais amplas e mais ricas do que a maioria de nós já experimentou. O crescimento na oração é a aprendizagem de nos abrirmos cada vez mais para Deus.

Oração como conversa

Mas o que é oração? A resposta que recebi quando criança foi que oração é uma conversa com Deus. Para me incentivar a praticar essa oração de conversa, meus pais me deram meu primeiro livro sobre oração em meu aniversário de 13 anos. Chamava-se *Prayer. Conversing with God*, e nele aprendi que a oração podia ser simples como falar, silenciosa ou audivelmente, com Deus, do mesmo jeito como eu fazia com outras pessoas[2]. Essa foi uma tomada de consciência muito forte. Tornou-se o alicerce de uma prática que tem me servido extremamente bem desde então, a prática de falar frequentemente com

---

2 RINKER, ROSALIND, *Prayer. Conversing with God*, Grand Rapids, Zondervan, 1959.

Deus ao longo do dia. Trata-se muitas vezes de uma oração rápida de intercessão, pedindo a Deus que abençoe alguém que me vem à mente ou que eu encontro. Ou pode assumir a forma de algumas palavras de gratidão quando percebo alguma bênção, como, por exemplo, agora mesmo, quando agradeci a Deus por meus pais, que me deram aquele livro sobre oração, e pela autora do livro, que me ensinou tanto. Às vezes, envolve uma única palavra: *Socorro!* Mas, seja qual for sua duração ou conteúdo, o que aprendi por meio da oração conversacional é que a minha relação com Deus é fortalecida quando falo com ele ao longo do dia, porque isso me lembra que estou, de fato, nessa relação e que Deus está comigo onde quer que eu esteja ou o que quer que esteja fazendo.

Devo dizer, no entanto, que demorei muito para começar a realmente tratar a interação como uma conversa. Por décadas, minhas orações não eram nada mais que um monólogo. Só eu falava e jamais considerei que Deus pudesse estar fazendo algo além de ouvir. O problema não era meu entendimento da oração, mas que eu não a levava suficientemente a sério. Se eu realmente acreditasse que oração era conversa, não teria sido tão descortês quanto fui. Teria falado menos e ouvido mais.

A boa notícia é que Deus está sempre nos procurando com amor que se autorrevela e nunca deixou de ser Revelação nem de ser Amor. A conversa orante sempre começa com Deus. Não começa conosco. A oração é a nossa resposta a um convite divino para um encontro. A conversa orante já começou, porque Deus já nos procurou, buscando nossa atenção e resposta. Até que aprendamos a prestar atenção no Deus que já está presente e se comunicando, nossas orações nunca serão mais do que o produto de nossa mente e vontade. Mas a oração tem potencial para ser muito mais. Ela pode ser a resposta de nosso espírito ao Espírito de Deus conforme abrimos a totalidade de nosso ser para o Deus que reside em nosso centro profundo e anseia por nos encontrar lá.

O problema de entender a oração como conversa é que a oração é muito mais do que comunicação. Reduzi-la a uma conversa faz dela simplesmente uma atividade mental, pois palavras e pensamentos

1. Mais do que se pode imaginar

são um produto do hemisfério esquerdo do cérebro. A oração inclui a mente, mas não se limita a ela. Deus convida a um envolvimento maior de nosso cérebro e de nosso ser. A verdade gloriosa é que posso estar rezando para Deus sem falar com Deus, ou mesmo sem pensar conscientemente em Deus. Se isso não fosse verdade, como poderíamos sequer ter esperança de cumprir o ideal de oração contínua que é incentivado nas Escrituras (1Ts 5,17; Ef 6,18)? Obviamente, não podemos pensar em Deus o tempo todo. Nem podemos falar com Deus o tempo todo. Mas a oração pode ser tão fundamental na nossa vida cotidiana quanto respirar. Ela pode se tornar uma parte da vida, não só uma prática religiosa ou uma disciplina espiritual.

Oração como comunhão

Um melhor ponto de partida para o entendimento adequado da amplitude da oração é vê-la como uma comunhão com Deus. A comunhão inclui conversa, mas é muito mais ampla. Como envolve união, não só proximidade e conexão, ela também implica muito mais intimidade do que a mera conversa. Estamos, como Paulo nos lembra, em Cristo, assim como Cristo está em nós. Essa linguagem reflete o entrelaçamento que é parte da verdadeira comunhão. Não dá para ficar muito mais íntimo do que isto: uma intimidade que se baseia na realidade de uma união mística com Cristo, no momento presente, não simplesmente em algo a ser esperado no futuro. Nosso conhecimento experiencial dessa realidade pode ser limitado, mas a união é real, agora mesmo. E a comunhão que podemos experimentar na oração também é real, tão real que, mais do que qualquer outra coisa que eu conheça, essa comunhão da oração tem o poder de nos transformar de dentro para fora.

A boa notícia é que não precisamos falar com Deus ou mesmo pensar em Deus para estar em oração. Podemos simplesmente estar com Deus. Essa é a natureza da comunhão. Ela não depende de comunicação constante. Pense, por exemplo, em estar com alguém que você ama e com quem experimenta uma comunhão profunda. As palavras, sem dúvida, são parte de vocês estarem juntos, mas perceba com que facilidade elas também podem desaparecer quando se entra em uma experiência confortável de simplesmente estar juntos em uma presença sem palavras. O mesmo pode ser verdade na oração.

O amor torna isso possível, e é o amor que torna a comunhão na oração tão gratificante e transformacional. A comunhão com Deus é a resposta para os anseios mais profundos de nosso coração, porque Deus é amor. A oração é um relacionamento. É um diálogo que se baseia em um encontro pessoal profundo. E, como Deus é amor, Deus só pode ser verdadeiramente encontrado no amor.

Oração como estar apaixonado

Podemos dizer, portanto, que a oração é estar apaixonado[3]. Podemos entender isso de duas maneiras, ambas verdadeiras, e cada uma delas apontando para a outra para seu pleno entendimento. No primeiro sentido dessa expressão, poderíamos dizer que a oração é estar apaixonado por Deus. Como observado por João da Cruz, uma vez que Deus é amor, Deus só pode ser conhecido no amor e pelo amor. A comunhão com Deus leva naturalmente, portanto, a um aprofundamento de nosso conhecimento do amor de Deus por nós e, reciprocamente, de nosso amor por Deus. Mas falar da oração como estar apaixonado também nos lembra de que, na oração, conhecemos o nosso ser-no-Amor. Oração não é simplesmente o que fazemos. É um modo de ser. Mais especificamente, é repousar na realidade de nosso ser-em-Deus. Essa é a nossa identidade fundamental. É a verdade oculta, mas mais profunda, de nossa existência. Nosso ser não tem significado fora de sua relação com o ser de Deus. A única possibilidade de ser quem eu

---

3 Eu tomo esse entendimento da oração da obra de Bernard Lonergan, padre jesuíta, filósofo e teólogo canadense cujo método filosófico e teológico centra-se no amor. Uma apresentação extremamente acessível das implicações da obra de Lonergan para a oração pode ser encontrada em JOHNSTON, WILLIAM, *Being in Love. A Practical Guide to Christian Prayer*, New York, Harper & Row, 1989.

sou mais profundamente está no Eu Sou eterno. Por causa do Eu sou, eu posso ser. Porque o Eu sou eterno é amor, posso experimentar a comunhão com Deus no amor. Isso é o que me possibilita tornar-me verdadeira e plenamente humano, tornar-me verdadeira e plenamente quem eu sou em Cristo. E fazer isso tem tudo a ver com oração — não simplesmente algo que eu faço, mas como um modo de estar apaixonado, estar em Deus.

É por isso que Teresa d'Ávila diz que o importante na oração não é pensar muito, mas amar muito[4]. A cabeça não é um lugar ruim para começar nossa jornada de oração. Mas, se a oração permanecer lá por tempo demais e não começar a mergulhar para o coração, ela inevitavelmente se tornará árida e frustrante. No entanto, quando permitimos que a oração comece a se infiltrar de nossa mente para nossas profundezas, ela dá a Deus acesso a essas profundezas. Então, e somente então, a oração pode emergir espontaneamente como ação de Deus em nós. E, quando isso acontece, a oração se torna o transbordamento das águas vivas que brotam de nossas profundezas. Torna-se nós ouvindo uma conversa amorosa de Deus com Deus enquanto essa conversa passa por dentro de nós.

Nosso relacionamento com Deus pode não começar no amor, mas nunca se aprofunda significativamente até que entremos em um encontro pessoal com o Amor. Quanto mais nosso ser estiver fundado no amor de Deus, mais a oração começa a fluir de nosso coração, não só de nossa mente. É por isso que a oração de Paulo foi para que conhecêssemos a profundeza, a largura, o comprimento e a altitude do amor de Deus, a fim de que, desse modo, pudéssemos ser repletos de toda a plenitude de Deus (Ef 3,14-19). A oração cristã é um encontro pessoal apaixonado com o Amor. É a comunhão amorosa com a fonte de todo amor, com a fonte de nosso próprio ser.

---

4 Teresa of Ávila, *Interior Castle*, New York, Paulist, 1979. (Ed. bras.: Teresa de Jesus, Castelo interior, in: *Obras completas*, trad. Adail Ubirajara Sobral, Maria Stela Gonçalves, Marcos Marcionilo e Madre Maria José de Jesus, São Paulo, Carmelitanas/Loyola, 1995.)

Talvez você já tenha ouvido a história apócrifa de um homem que chamarei de Juan. Todo dia, perto do anoitecer, Juan parava em uma igreja no caminho do trabalho para casa. Capacete na mão, com frequência sujo ou pelo menos empoeirado e, obviamente, cansado. Ele ficava sentado em silêncio no fundo da igreja por cinco ou dez minutos, depois se levantava e ia embora. Ao vê-lo fazer isso dia após dia, mês após mês, o pároco se aproximou dele um dia quando ele estava saindo e lhe disse que estava feliz por ele usar a igreja dessa forma. Juan agradeceu ao padre por deixar a igreja aberta para que pudesse entrar, dizendo que esse era um momento muito importante para ele em cada dia. O padre lhe perguntou de que maneira era importante. Juan respondeu que esse era o seu momento com Jesus. E continuou: "Eu só entro, sento e digo, 'Jesus, é o Juan'".

"E o que acontece então?", perguntou o padre.

"Bem", ele respondeu, "Jesus diz 'Juan, aqui é Jesus', e ficamos felizes por passar um tempo juntos."

Juan talvez não soubesse, mas ele havia conhecido a essência da oração. Ele amava a Deus e amava passar tempo com Deus. A oração não é simplesmente uma apresentação de pedidos, embora trazer pedidos a Deus seja certamente uma parte legítima e importante da oração. Também não é o cumprimento de uma obrigação. Em essência, a oração é estar com o Amado. É relacionamento. É aceitar o convite de Deus para um encontro amoroso. É, portanto, mais como um eco do que uma ação autoiniciada. É o consentimento para a ação de Deus em nosso coração e nas profundezas de nosso ser.

Jornada para o amor

À medida que nossa jornada de amor com Deus se desenvolve, o mesmo acontece com nossa oração. E isso não poderia deixar de acontecer, porque a oração está bem no centro de nossa relação com Deus. A oração é a ação de Deus em nós. Nossa parte é simplesmente permitir que o amor divino transforme nossos corações de tal modo que o amor de Deus flua como uma resposta ao amor, e não como o fruto de nossa determinação.

O caminho para uma vida de oração como encontro pessoal amoroso com Deus é permitir que a oração seja responsabilidade de Deus. Não podemos fabricar um encontro genuíno com o amor, assim como não podemos transformar nosso coração de pedra em coração de amor. Para essas questões, só o que podemos fazer é voltar o rosto para Deus e receber o amor pelo qual nossa alma tão desesperadamente anseia.

A jornada espiritual cristã é responder ao convite de Deus para o encontro pessoal no amor. A oração é a nossa resposta. A oração é o lugar do encontro. O crescimento na oração é crescimento na intimidade amorosa com Deus.

Thomas Green compara os estágios desse crescimento com os estágios do desenvolvimento de um romance[5]. O primeiro estágio da oração, ele sugere, é o namoro — o estágio de conhecer a Deus. Como não podemos amar de fato o que não conhecemos, um relacionamento de amor deve começar conhecendo-se a pessoa amada. No caso de conhecer a Deus, isso poderia começar com uma meditação orante sobre as Escrituras. Também pode envolver usar a imaginação para encontrar Jesus nos acontecimentos da vida na terra e ver a nós mesmos, com nossa própria história pessoal concreta, ligados a esses acontecimentos. Nesse estágio, o objetivo da oração é conhecer o Deus que nos está cortejando.

O segundo estágio da oração é a lua de mel. Aqui experimentamos uma transição do conhecimento para a experiência, do conhecimento com a cabeça para o conhecimento com o coração. A meditação agora começa lentamente a exigir menos esforço. Nossa esperança começa a ser realizada e a experiência de Deus começa a fluir livremente com menos trabalho meditativo. Sentimos alegria apenas por estar com o Senhor, do modo como bons amigos encontram alegria simplesmente

---

5 GREEN, THOMAS, *Drinking from the Dry Well*, Notre Dame, Ind., Ave Marie Press, 1991, 17-25.

por estar juntos. Eles não planejam a conversa ou analisam seu relacionamento. Na verdade, nem pensam muito uns sobre os outros quando estão juntos. Apenas estão felizes por estar juntos, o que quer que esteja acontecendo. Este é Juan e seu Senhor.

Após a lua de mel, o terceiro estágio é o que o padre Green chama de "movimento do amor aparente para o amor verdadeiro". Isso corresponde aos longos anos da vida conjugal cotidiana. E, assim como os relacionamentos conjugais maduros envolvem tanto uma amizade crescente como períodos de rotina entorpecedora, e conflitos pelo menos ocasionais, também a jornada de oração inevitavelmente incluirá consolação e desolação. Se você não conhece desolação na oração, é porque não faz muito tempo que você reza. Eu certamente conheci longos períodos em que parecia que minhas orações estavam apenas ecoando em minha cabeça, mas não alcançando a Deus. Mas, como vamos ver, até a desolação tem seu propósito divino, pois aí, nesses períodos de aridez na oração, podemos aprender a beber profundamente da água viva de maneiras que não dependem de nossos sentidos. É nessas noites escuras que nossa alma pode aprender a ver pela fé, não pela visão.

Mais do que se pode imaginar

A oração é mais do que você nem sequer poderia imaginar, porque Deus está muito além do que você é capaz de conceber. Estamos rodeados de deuses que, se já são pequenos demais para estar à altura da tarefa de sustentar nossos anseios pessoais mais profundos, quanto mais os problemas mais urgentes do mundo. O Deus de nossa infância nunca será adequado para essas tarefas. As maneiras de entender e se relacionar com Deus que adquirimos em casa, na igreja e na comunidade são com frequência seriamente limitadas, às vezes perigosamente erradas. É por isso que é tão importante permitirmos que nossa visão de Deus cresça e se desenvolva.

A visão de Deus que conta nesse aspecto talvez não seja a que você oficialmente professe, se estiver tentando manter-se seguro dentro das linhas do dogma ortodoxo. Ela é a que está de fato no centro de sua experiência de Deus, aquela que está na base de sua experiência de vida. Esse Deus geralmente será o da sua infância. Para o bem ou para o mal, ele costuma ser espantosamente resistente, mesmo em face do ensino adulto posterior que talvez demonstre como esse Deus é incompatível com aquele que você encontra em Jesus. Penso, por exemplo, nas muitas pessoas que conheço que vivem sob um fardo enorme de culpa, associado a uma divindade dura e punitiva encontrada em sua infância. Nenhum lugar parece a salvo da presença ominosa desse Deus feito à imagem de pais ou de figuras de autoridade religiosa. Talvez ainda mais comum seja o grande número de pessoas — homens e mulheres — que têm dificuldade para se relacionar com um Deus que parece tão inescapavelmente masculino. Em ambas as situações, a oração será fortemente moldada por essas visões de Deus que são o resíduo de ensinamentos e experiências de infância, e não moldada pela realidade do Deus que de fato convida para a comunhão amorosa.

Estive falando sobre o amor de Deus e, portanto, já chamei alguma atenção para as implicações de fundamentar nossa visão de Deus na graça. Terei mais a dizer sobre isso à medida que prosseguirmos, mas vou fazer um breve comentário sobre uma dimensão de nossa visão de Deus que tem grande potencial de limitar nossa experiência divina: a saber, o gênero de Deus. Comento sobre este assunto não para discutir um ponto teológico, mas, seguindo o tema deste livro, para chamar a atenção às implicações para a oração que resultam de como vemos a Deus.

Há muito tempo sou sensível à aparentemente exclusiva masculinidade de Deus, não porque eu tivesse um relacionamento ruim com meu pai, mas provavelmente porque tinha um bom relacionamento tanto com meu pai como com minha mãe. Minha infância me orientou para um Deus que era a fonte de homens e mulheres, e a imagem de ambos. No entanto, eu me relacionava com Deus como masculino, porque o Pai, como título, fazia com que fosse difícil pensar diferente, e Jesus parecia inescapavelmente masculino, ainda que longe de ser o estereótipo masculino tanto pelos padrões culturais do século I como do século XXI. Isso não só resultou em certa perplexidade intelectual sobre como um Deus com gênero poderia ser a fonte de homens e mulheres como também, e muito mais importante, deixou as partes de mim que se relacionavam melhor e mais plenamente com mulheres fora de meu diálogo de oração e encontro divino. Fiquei muito entusiasmado quando descobri a antiga tradição cristã de reconhecer no Espírito os elementos femininos da Divindade. Isso foi muito mais do que mera novidade teológica para mim: imediatamente, começou a influenciar minha experiência de oração. Nas décadas desde então, aprendi a trazer mais de mim mesmo para o Deus que é muito mais do que masculino ou feminino, mas contém os dois. Às vezes oro ao Espírito de Deus, a quem vejo e com quem me relaciono como feminino. Contudo, pelo menos com a mesma frequência, oro ao Pai ou a Jesus, ambos os quais continuam, em minha mente, masculinos.

Não acho que o Espírito Santo seja feminino nem que Deus Pai seja masculino. Deus está além do gênero e, ao mesmo tempo, é a fonte de nosso ser com gênero. Mas, quando permiti que minhas formas de me relacionar e pensar sobre Deus se alargassem, minha experiência de oração também se tornou muito mais do que eu jamais poderia imaginar. Não acredito que minhas ideias de Deus, ou qualquer ideia de Deus, captem completamente ou representem adequadamente o mistério supremo. É por isso que digo que estou levantando um argumento espiritual mais do que teológico. E esse argumento é que Deus é mais do que podemos conceber; portanto, precisamos ter o cuidado de sustentar nossas concepções com humildade e delicadeza, para permitir que nossa experiência de oração não seja limitada por elas.

Tornar pessoal

Mas chega de minha experiência de oração! Vamos nos voltar para a sua. Talvez a sua oração ainda seja mais dever do que devoção, mais um assunto da cabeça que do coração. Talvez você conheça pouco ou nada do romance sagrado que descrevi. Então, ainda que não deva ficar desestimulado por isso, é igualmente importante ter cuidado para não se contentar com tal situação. Lembre-se de que a oração é mais uma questão de consentimento do que de iniciativa. Confie que sua relação de oração com Deus foi estabelecida por iniciativa dele, não pela sua. Sua parte é simplesmente abrir espaço para Deus, voltar-se para ele com atenção e abertura. Não pense nisso como uma obrigação, mas sim como um convite para uma vida abundante e verdadeira, como um convite para o encontro no amor que é a oração.

Não se contente com nada menos do que conhecer Deus no amor. Isso começa ao conhecer a profundidade do amor de Deus por você. Todos nós precisamos retornar regularmente a esse conhecimento. Na verdade, nunca se tem o suficiente dele. Tudo mais que é exigido de você na vida — seu amor por Deus, por si mesmo e pelos outros — flui de seu conhecimento pessoal do amor intenso de Deus por você.

Dedique alguns momentos, agora ou logo mais, para uma reflexão orante sobre as coisas apresentadas neste capítulo.

1. Como você descreveria sua comunicação com Deus? A oração em conversa, pequenas orações breves ao longo do dia, é parte dela? Se não for, reflita se existe aí uma possibilidade para aprofundar sua relação com Deus. Como a comunicação de Deus com você faz parte de seu diálogo? Como sua experiência de oração poderia mudar se seus horários de oração formal incluíssem mais espaço para escutar? O que dificulta para você oferecer essa quietude e silêncio?

2. Em que medida sua experiência de oração é de comunhão amorosa com Deus? Que coisas atrapalham esse conhecimento íntimo do amor de Deus? O que você poderia fazer para não criar obstáculos para o que Deus deseja fazer nas suas profundezas para permitir que a oração, como um encontro amoroso, se torne mais uma realidade experimentada?

3. Quando você leu essa ampla variedade de itens que eu sugeri, que são parte da oração cristã, quais deles lhe pareceram úteis? Talvez seja algo que você já faça e em que simplesmente nunca tenha pensado como oração. O que mudaria se você entendesse esses momentos como oração? E o que você poderia fazer para abrir espaço para mais desses momentos em sua vida?

4. Dedique algum tempo para escrever sua própria definição de oração. Observe se seu entendimento de oração mudou ao longo dos anos e como esse entendimento se relacionou com a sua prática de oração. Como sua imagem de Deus da infância influenciou a sua prática de oração? E como mudanças em sua forma de entender Deus desde então afetaram a sua vida de oração?

5. Por fim, se ainda não tiver feito isso, dê uma atenção particular para reparar se alguma coisa neste capítulo parece corresponder ao que o Espírito de Deus já vem ensinando a você ou para onde o Espírito o vem conduzindo. Procure, pelo menos, prestar muita atenção a isto e responder a qualquer convite que sentir que está vindo de Deus para você. Isso também é oração e é uma postura de oração particularmente apropriada enquanto você avança pelos próximos capítulos.

2

Preparação para o encontro divino

Tive recentemente uma conversa interessante com nosso bispo sobre seu encontro com a rainha Elizabeth. Estava longe de ser uma audiência privada. Ele fez parte da reunião dos cerca de oitocentos bispos da Comunhão Anglicana mundial que estavam na Inglaterra para a Conferência de Lambeth; todos eles, com suas esposas, foram convidados pela rainha para uma festa no jardim do Palácio de Buckingham. O que me interessou foi o protocolo elaborado que teve de ser observado nesse encontro e a extensa preparação envolvida quando uma pessoa é de fato apresentada à rainha. Isso me fez pensar no que está envolvido em um encontro com Deus. Surpreendentemente, o protocolo para o encontro divino é tão simples que praticamente não existe. Somos convidados a aparecer do jeito que estamos e, como vamos ver, não há nada especial que precisemos fazer além de ser nós mesmos. No entanto, a preparação é útil porque, ser nós mesmos com Deus, é muito mais difícil do que poderíamos pensar.

Abertura confiante

A abertura para Deus requer confiança. Isso está longe de ser nossa postura natural em relação a Deus ou aos outros. A postura natural da maioria de nós é cautela e simulação. O convite ao encontro amoroso com Deus desafia imediatamente essa postura; Deus nos convida a vir com uma fé que se expressa em vulnerabilidade e sinceridade total.

Com muita frequência a fé é reduzida a crenças. Mas o assentimento cognitivo a proposições tem muito pouco a ver com fé genuína, que é mais uma postura do coração que da mente. A fé em Deus é se apoiar com confiança em Deus. O oposto da fé é desconfiança, não descrença. Fé é confiança na bondade de Deus. Isso, e somente isso, é o que torna possível nos aproximarmos de Deus com abertura.

A oração deve começar com a fé, porque aqueles que vêm a Deus devem fazê-lo com fé. Sem fé, as Escrituras nos dizem que é impossível agradar a Deus (Hb 11,6). Felizmente, no entanto, não precisamos criar essa fé. Ela, e tudo mais que Deus requer de nós, está disponível como dádiva de Deus. Tudo que é exigido de nós é a abertura para receber o que pudermos e, então, agir de acordo com isso. Mas devemos agir de acordo com o que temos e estar onde, na realidade, estamos.

Tenho uma amiga que me diz que é agnóstica: não convencida da existência de Deus e, de modo geral, sem interesse suficiente sequer pela possibilidade de refletir sobre isso. Mas ela me diz que de vez em quando reza, geralmente quando se vê pensando em questões existenciais ou no sentido de sua vida. Não achei surpreendente o fato de ela rezar, pois estou convencido de que a oração é uma postura natural da alma — algo sobre o que terei mais a dizer adiante neste capítulo. No entanto, fiquei muito interessado em saber o modo como ela orava. Perguntei-lhe sobre isso, e ela me disse que, geralmente, sua oração é mais ou menos assim: "Não tenho certeza se você está aí, ou, se estiver, se está ouvindo ou não, ou, se estiver aí e ouvindo, se posso confiar em você, mas, em todo caso...". Embora minha amiga não seja cristã, essa é uma oração cristã. Ela está agindo de acordo com a fé que tem. Não é muita, mas, como as moedas da viúva e o ato generoso de doá-las que ela exibiu na história de Jesus no Evangelho (Mc 12,41-44), minha amiga se anima a dar de volta a Deus o pouco de fé que tem. Isso faz com que seja uma oração. Deus sempre ouvirá qualquer oração que nasça da sinceridade e que expresse qualquer quantidade de fé que realmente tenhamos.

Confiança e fé devem estruturar toda a nossa experiência de oração. Isso é o que nos permite abrir mão do controle e deixar que Deus molde nossa oração e nosso encontro. A oração envolve entregar-se a um processo interior misterioso, submeter-se a algo que Deus faz em nós. Se confiarmos o suficiente para nos soltarmos, Deus nos dará um dom de comunhão na oração que nunca poderíamos criar ou mesmo imaginar. É por isso que às vezes falamos da oração como Cristo orando em nós ou como o Espírito intercedendo por nós. Como nos lembra o monge cisterciense australiano Michael Casey: "A oração não pode ser medida em uma escala de sucesso ou fracasso, porque ela é obra de Deus — e Deus sempre tem sucesso. Quando acreditamos que falhamos na oração, é porque nós decidimos o formato que nossa oração deveria ter e agora estamos frustrados porque não há nada que possamos fazer para concretizar nossa ambição. A oração não é mais nem menos que a ação interior da Trindade no nível do ser. Isso nós não podemos controlar; podemos apenas nos submeter reverentemente"[1].

Nosso esforço para transformar nossas orações na forma que achamos que elas devem ter interfere seriamente nesse trabalho divino interior da oração. O mesmo acontece quando examinamos constantemente nossa oração para ver como estamos indo. A única coisa que devemos buscar na oração é Deus. Quando nos concentramos em como estamos indo ou no que estamos obtendo com a oração, tiramos nossos olhos de Deus e os voltamos para nós mesmos. Mas, como a forma que nossa oração assume é assunto de Deus, precisamos aprender a cuidar do que é nosso assunto. Nosso trabalho é dar espaço para nos voltarmos para Deus com abertura e fé. O resto é trabalho de Deus.

Sinceridade radical

Mencionei que a sinceridade faz parte da abertura confiante que está envolvida na oração, mas quero dizer um pouco mais sobre essa dimensão muito importante da verdadeira oração. Parte de encontrar

---

[1] CASEY, MICHAEL, *Toward God. The Ancient Wisdom of Western Prayer*, Liguori, Mo., Triumph, 1996, 35.

Deus com confiança é estar preparado para vir ao encontro com nada menos que franqueza incondicional. Thomas Merton nos lembra de que Deus é real demais para ser encontrado em qualquer outro lugar que não na realidade[2]. Assim, quando tentamos encontrar Deus em nossos lugares de falsidade e simulação, não devemos nos surpreender que ele não seja encontrado. Onde Deus sempre estará e onde ele espera para nos encontrar é no meio das realidades de nossa vida e de nossa experiência.

A oração é o encontro do verdadeiro eu e do verdadeiro Deus. Isso é o que dá à oração seu potencial transformacional. A sinceridade dá a Deus acesso às verdades de nossa vida, às realidades de nossa existência. Infelizmente, porém, o eu que tantas vezes trazemos até Deus é o nosso eu mentiroso e falso, o eu que construímos defensivamente para nos proteger da vulnerabilidade de nossa nudez diante de Deus e do mundo. Deus entende essa vulnerabilidade e a necessidade que sentimos de proteção, mas Jesus nos mostra outra forma de ser com vulnerabilidade e confiança. Essa é a forma da oração. Não foi apenas o que Jesus fez quando se dirigiu àquele a quem chamava de Pai. Foi a postura de sua vida quando ele ofereceu sua vida como oração.

Na oração, falamos do oculto de nosso coração para o oculto do coração de Deus. Esse lugar secreto é onde encontramos nossa verdadeira face. Na sinceridade diante de Deus, descobrimos nossa voz e nossa verdadeira identidade. Mas precisamos começar onde realmente estamos.

A preparação para a oração é pedir a graça de ser real diante de Deus. Isso é algo que não podemos fazer por conta própria. É necessária a graça, o dom de Deus que nos possibilita fazer o que mais profundamente precisamos fazer. Deus quer que oremos, e o movimento suave do Espírito de Deus em nosso espírito nos move e nos permite orar. É tudo de Deus. Nossa parte é simplesmente consentir: abrir

---

2 MERTON, THOMAS, *New Seeds of Contemplation*, New York, New Directions, 1961. (Ed. bras.: *Novas sementes de contemplação*, trad. Ir. Maria Emmanuel de Souza e Silva, Petrópolis, Vozes, 2017.)

nosso coração para a graça e permitir que Deus nos dê a oração que devemos orar.

Sinceridade diante de Deus não é apenas evitar mentiras. É trazer todo o nosso ser para Deus. Em vez de tentar arrumar as coisas antes de nos voltarmos para Deus, a oração genuína é nos voltarmos para Deus no meio da desordem que é a realidade de nosso mundo interior. É nos voltarmos para Deus em meio a nossa confusão e dúvida, nossa raiva, nossas esperanças, nossos medos, nossas fantasias, nossa dor, nosso enfrentamento, nossas defesas, nossas lutas, nosso pecado e nossa fraqueza. Não há cura para o que nos aflige mais profundamente, a menos que venhamos para Deus sem esconder nada. No entanto, como observado por Vladimir Lossky, a boa notícia é que toda presença genuína do eu diante da face de Deus é oração[3]. Na oração, podemos dizer qualquer coisa, de qualquer maneira, desde que seja sincero — ou, mais precisamente, desde que seja tão sincero quanto possamos ser no momento.

Quando falamos as verdades de nossa vida orante, sejam elas quais forem e como quer que sejamos movidos a dizê-las, somos despojados da multidão de enganos que se infiltram em nosso ser. Ann e Barry Ulanov comentam: "Dolorosamente, nossos valores, mesmo os nossos melhores... são frequentemente expostos como valores sustentados com tamanha força possessiva que erguem um muro em nós contra a força da vontade de Deus. Mas o uso defensivo da oração logo é deixado se a oração realmente consistir em conversa sincera"[4]. Essa é a oração como terapia divina, um conceito que examinaremos no último capítulo deste livro. Atreva-se a ficar diante do Deus nu em sua própria nudez e você será transformado: despojado e subjugado, mas curado, desperto e íntegro.

---

[3] LOSSKY, VLADIMIR, *The Mystical Theology of the Eastern Church*, London, James Clark, 1957, 206.

[4] ULANOV, ANN; ULANOV, BARRY, Prayer and Personality. Prayer as Primary Speech, in: JONES, CHESLYN; WAINWRIGHT, GEOFFREY; YARNOLD, EDWARD (org.), *The Study of Spirituality*, New York, Oxford University Press, 1986, 28.

A linguagem da alma

Parte da preparação para a oração é compreender o que é e o que não é oração. Um aspecto importante da oração que ainda não abordamos é que a oração é a linguagem nativa da alma. Criados à imagem de Deus, nossa postura natural é uma abertura atenta para o divino. Caminhando pelo jardim primevo que era sua casa, nossos pais primordiais estavam sempre alertas à presença do Deus que compartilhava seu mundo. Nada era mais comum do que os encontros extraordinários que eles tinham regularmente com o divino. A vida era oração. A oração era vida.

Mas ouvir as mentiras sussurradas da serpente vira tudo de cabeça para baixo. A oração não parece mais natural e Deus não parece mais presente. Então, em vez da linguagem normal da alma da oração como atenção, nós criamos nosso próprio dialeto de oração: a oração como demanda e controle. Às vezes, oferecemos orações para invocar a presença de Deus ou obter a atenção dele. Outras orações são destinadas a produzir favores divinos. E, como não estamos realmente convencidos de que oração é comunhão, nossa linguagem de oração envolve falatórios intermináveis. Temamos que, se ficarmos em silêncio, tudo ficará em silêncio. Palavras nos protegem dessa descoberta potencialmente horrenda.

Não mais tão natural quanto respirar, a oração se tornou tão complicada quanto viver. Tornou-se algo a fazer, em vez de simplesmente um modo de ser. Raramente ela é apenas caminhar pelo jardim de nosso tempo, antecipando o encontro com o Jardineiro divino. A oração é abrir as janelas da alma, receber a presença de Deus e desfrutar da comunhão com nosso Amado. Para isso fomos criados.

Os que conhecem Deus mais profundamente reaprenderam a linguagem natural da alma de atenção orante ao divino. Eles estão sintonizados com Deus e nos dizem que Deus está presente e é revelação. O conhecimento experiencial pessoal dessas duas verdades está no cerne da oração cristã. Nenhuma quantidade de palavras ou ações pode jamais substituir esse conhecimento.

É muito importante lembrar que a oração é natural. Se não o fizermos, seremos facilmente seduzidos por sugestões de que a oração deve ser aprendida e dominada. Esse tipo de discurso implica que a oração é uma habilidade especializada, algo mais relevante para as elites espirituais e orantes profissionais que fizeram dela o trabalho de sua vida. (Lembro do homem que me disse que a oração era o que o clero é pago para fazer!) Esse é um equívoco sério. A oração é para todos nós e é tão natural para nós quanto respirar. Ela é, na verdade, a respiração da alma. É essencial orarmos, assim como é essencial respirarmos. Prender a respiração pode ser arriscado para nosso bem-estar físico, ou até mesmo fatal! Recusar a oração pode ser igualmente arriscado para nosso espírito e alma. Não ore porque é seu dever. Ore porque você pode e porque é uma resposta tão natural de sua alma quanto liberar a respiração que agora enche seus pulmões — e inspirar a próxima.

Descobrir seu dialeto natural de oração

Mas, se a oração é a linguagem natural da alma, cada um de nós tem um dialeto que é mais natural para si. Faça uma pausa e reflita sobre qual pode ser o seu dialeto natural.

Talvez seja o silêncio. Para muitos de nós, as palavras se calam quando estamos realmente quietos diante de Deus e quando somos mais natural e plenamente nós mesmos. Mas talvez seu dialeto natural inclua palavras. Talvez, quando você é mais profundamente você mesmo com Deus, o que surja sejam seus pedidos e intercessões, sua gratidão, seu louvor ou suas perguntas para Deus. É possível que seu dialeto natural de oração seja mais ativo do que reflexivo ou verbalmente expressivo. Talvez ser sinceramente seu eu único diante de Deus tome a forma de atos de serviço amoroso ou justiça social. Ou talvez seja mais criativo; talvez o que irrompa de dentro de você quando está sendo seu verdadeiro eu diante de Deus seja um conto, uma dança, uma maravilhosa criação culinária ou uma nova maneira de ver uma questão importante.

Cada um de nós tem sua própria voz, seu próprio diálogo natural de oração. Como veremos no capítulo três, a oração holística envolve começar com isso e, depois, expandir nossas diversas maneiras de estar com Deus, para que todo o nosso ser, não apenas as partes confortáveis de nós mesmos, possa participar do encontro. Se nos mantivermos apenas nas formas mais naturais de nos abrirmos para Deus, limitaremos a profundidade a que abrimos nosso ser total para ele. Crescer na oração é aprender a abrir mais e mais dimensões de nosso ser para Deus — aprender a comungar e conversar com ele de maneiras que nos movem além daquelas que vêm mais naturalmente.

Mas voltemos à pausa que sugeri, e que vou incentivar você a fazer em vários pontos que se seguem. Reserve alguns momentos e esteja com Deus da maneira que reflita o seu dialeto natural. Permita que sua alma fale em seu dialeto natural. Sinceridade também inclui autenticidade. Esteja com Deus da maneira que for mais naturalmente a você. E então, após alguns momentos, pegue o livro novamente e continue a ler.

Presença oculta e águas escuras

Parte da abertura para Deus e também da preparação para a oração é estar pronto para encontrar Deus nos termos dele, não nos nossos. Esse também é um dom da fé. Deus não pode ser invocado em nossos termos e sob as condições de nossa escolha. Na verdade, a razão de Deus com tanta frequência parecer escondido e silencioso é precisamente por estarmos procurando nos lugares errados.

João Batista proclama que Cristo está no meio daqueles que o procuram, mas nós não reconhecemos sua presença (Jo 1,26). Essa é uma noção que ecoa pelos séculos. A presença de Cristo é e sempre será oculta. Apenas quando desistirmos de moldar Deus à nossa imagem e de procurá-lo onde achamos que deveria estar, só então perceberemos verdadeiramente o Cristo que está em nosso meio. Louis Evely escreve: "O chamado mais insistente de Deus para nós sempre parecerá uma espécie de silêncio, já que sua linguagem não é a nossa.

Não é o que esperamos. Apenas quando o amarmos o suficiente para preferir os seus caminhos aos nossos, sua linguagem à nossa, e sua vontade à nossa, só então o descobriremos"[5].

Não se passa um momento sem que Cristo esteja em nosso meio, e nós não o vemos. Lembre-se de suas palavras: "Porque tive fome e me destes de comer; tive sede e me destes de beber; era um estrangeiro e me acolhestes; estava nu e me vestistes, doente e me visitastes, na prisão e me viestes ver" (Mt 25,35-36). Deus está presente. Mas precisamos estar preparados para permitir que ele organize o encontro. O encontro divino deve estar sempre sob o controle de Deus. A busca, o gesto e a comunicação sempre começam com Deus. Mas precisamos estar preparados para o fato de que ele muitas vezes não estará onde poderíamos esperar.

A oração não é um ritual mágico que nos permite trazer o divino para nosso controle. Ela é muito mais como flutuar no rio escuro do amor de Deus. Você pode não saber ao certo para onde o rio o está levando, e será necessário que renuncie ao controle sobre a jornada e o relacionamento, mas de uma coisa você nunca precisa duvidar: o Senhor de amor arranjou o encontro de oração.

Mas sejamos sinceros quanto a isso. A abertura genuína para Deus pode ser uma coisa assustadora, principalmente quando o rio em que nos é pedido para flutuar é escuro, como quase sempre é, e a presença de Deus com muita frequência é oculta. Se você tiver alguma dúvida sobre a profundidade e a persistência do amor de Deus, é difícil confiar em si mesmo para parar de se debater e simplesmente flutuar. A parte complicada de flutuar é que você não vê para onde está indo. É preciso nadar para tirar a cabeça da água o suficiente para enxergar em volta. É por isso que flutuar exige confiança. Você não só tem que confiar que a correnteza o está levando em uma direção que é, em última instância, de bênção, como também que permanecerá à tona e não colidirá com nada perigoso.

---

[5] EVELY, LOUIS, *This Man Is You*, New York, Paulist, 1964, 15-16.

É por isso que a abertura genuína para Deus precisa começar com uma profunda certeza do amor de Deus por você[6]. Sem isso, será forçado a tentar ficar no comando do encontro de oração; sua cabeça ficará fora da água o tempo todo, enquanto você olha em volta tentando ver para onde o rio o está levando. Conhecer o coração do Deus que organiza o encontro de oração é essencial para que você se aventure a receber o dom da abertura genuína para o divino.

A abertura para Deus é simplesmente uma resposta à fome que Deus coloca em seu coração. Qualquer abertura para Deus que você experimenta é uma dádiva. Não tente gerar mais. Apenas peça a Deus para aumentar sua consciência da profundidade e da extensão de sua fome espiritual: o anseio de seu espírito pelo Espírito de Deus. Deus fará o resto, e a oração fluirá do seu coração.

Ser realista

É importante, no entanto, ser realista quanto ao que a oração envolve. Se a seguirmos por tempo suficiente, a jornada da oração sempre nos levará não só ao topo das montanhas do consolo espiritual, como também à aridez da desolação do deserto. Mas nosso Amado não nos abandonou. Estamos sendo conduzidos a um lugar onde podemos aprender a discernir a presença divina e viver pela fé, não apenas pelos sentidos.

Instintivamente, prefiro oásis a desertos. Tendo a encarar a aridez na oração como algo a ser superado, um problema a ser resolvido. Como é chocante perceber que, para estar genuinamente aberto para Deus, preciso aprender a amar o deserto, até mesmo a preferi-lo ao oásis! Como é perturbador ser lembrado da natureza invertida do Reino de Deus! Mas, em última instância, como é libertador que lhe

---

[6] Esse papel fundacional de conhecer o amor de Deus na espiritualidade cristã é a razão pela qual meu primeiro livro na trilogia sobre a jornada espiritual cristã, *Surrender to Love*, Downers Grove, Ill., InterVarsity Press, 2004, é centrado no conhecimento pessoal desse amor.

seja dita a verdade. É uma boa-nova saber que a aridez que com tanta frequência é parte de minha relação de oração com Deus não é minha culpa, não é resultado de pecado ou de preguiça espiritual. Que bom saber que isso está dentro do plano divino, que aqui é onde Deus espera por mim e quer estar comigo!

Você poderia se perguntar, entretanto, por que Deus permite a desolação da aridez espiritual; ou, ainda mais intrigante, por que Deus nos convida a recebê-la como um presente de grande valor. Embora possamos desejar que não fosse assim, é apenas em tempos de aridez espiritual que aprendemos que não há nada que possamos fazer para controlar a Deus ou produzir bênçãos divinas. As bênçãos que buscamos só podem ser recebidas como um dom e graça do Senhor. Quando o poço espiritual seca, Deus está dizendo: "Eu sou Deus. Eu preciso ser o Senhor do nosso encontro. Você não pode me abrir e fechar como uma torneira, quando tiver vontade"[7]. De acordo com João da Cruz, essa independência frustrante de Deus é a melhor prova que temos de que Deus é Deus, e não apenas uma invenção de nossa imaginação[8]. Eu acho que ele está certo. Se Deus fosse apenas a realização de um desejo ou a projeção de nossas necessidades, quem de nós desejaria criar um Deus tão frustrantemente independente?

Ao nos fazer esperar nos lugares escuros e secos de nosso mundo interior, Deus aumenta nossa fome espiritual e, assim, amplia a capacidade de nossa alma para o encontro no amor. Agora, podemos começar a encontrar Deus como Deus, não como o recipiente de nossas projeções e desejos desordenados. Agora, podemos começar a nos soltar e flutuar no rio de amor divino. O que Deus nos convida a fazer na aridez da noite escura é oferecer uma fé simples. Deus pede que nos soltemos e flutuemos sem enxergar pelo rio que leva à luz. Isso não é tão arriscado quanto parece. A certeza do amor e da presença de Deus

---

7 GREEN, THOMAS, *When the Well Runs Dry*, Notre Dame, Ind., Ave Marie Press, 1979, 90.
8 JOHN OF THE CROSS, *Dark Night of the Soul*, New York, Image, 1959. (Ed. bras.: SÃO JOÃO DA CRUZ, *Noite escura*, Petrópolis, Vozes, 2014.)

nos permite aprender a estar em paz nas noites escuras de nossa jornada espiritual, mesmo quando essas noites parecem intermináveis. Esse é o testemunho da Escritura e também do próprio Senhor. Aprender a confiar no amor, mesmo quando nossos sentidos não podem nos dar os confortos habituais que antes sinalizavam a presença divina, é a forma como recebemos o dom de Deus da fé perfeita, uma fé que não é mais dependente dos sentidos e nos dá certeza da presença divina independentemente de nossa experiência imediata.

Preparação pessoal

Dedique alguns momentos para refletir sobre sua própria preparação para a oração.

1. Como sua experiência de oração seria diferente se você realmente acreditasse que a oração é trabalho de Deus em você? Leia novamente a citação de Michael Casey: "A oração não pode ser medida em uma escala de sucesso ou fracasso, porque ela é obra de Deus — e Deus sempre tem sucesso. Quando acreditamos que falhamos na oração, é porque nós decidimos o formato que nossa oração deveria ter e agora estamos frustrados porque não há nada que possamos fazer para concretizar nossa ambição". Você concorda com essa afirmação? Em caso afirmativo, o que lhe dificulta confiar que Deus está trabalhando?

2. Como você avalia sua própria sinceridade na oração? Como seria encontrar Deus desnudado, do jeito como você é, falando as verdades de sua experiência? Deus está no meio da sua realidade presente, seja ela qual for. Comece sua oração pedindo a graça de ser real diante de Deus. Então, atreva-se a exercitar qualquer grau de fé que você tenha, voltando-se para Deus em meio ao que quer que esteja realmente sentindo e experimentando. Não tente consertar ou se afastar disso para, depois, voltar-se para Deus. Fale com Deus sobre suas realidades presentes e permita que sua fé e conhecimento de Deus se aprofundem à medida que você se encontrar com ele nesses lugares de vulnerabilidade e sinceridade. Lembre-se de que, na oração, você pode dizer qualquer coisa, de qualquer maneira, desde que seja tão sincero quanto puder no momento.

3. Para se sentir seguro com esse tipo de sinceridade, é preciso que você confie na bondade de Deus. Quanto sua confiança no amor de Deus é profunda? Sua vida de oração não será mais profunda do que essa confiança. Conhecer o amor de Deus não vem simplesmente de tentar acreditar que ele seja verdadeiro, mas requer que você encontre esse amor vulneravelmente. Aja com a confiança que você tem, voltando-se para Deus com a sinceridade que você pode oferecer e

receba o dom da presença graciosa e amorosa de Deus. É aí que você conhecerá o amor de Deus.

4. Por fim, leia a oração de Paulo para você em Efésios 3,14-19, lenta e contemplativamente. Leia-a como uma oração de Deus para você, como o profundo desejo de Deus para você. Em seguida, leia Romanos 8,31-39, em que Paulo fala de sua experiência do amor de Deus. Peça a Deus que essa seja a sua experiência.

Lembre-se de que, na oração, devemos sempre começar onde estamos. Até mesmo o desejo de orar é oração. Isso significa que você está orando neste exato momento em que lê este livro — isto é, desde que sua leitura reflita uma abertura para Deus na fé, não apenas curiosidade ou uma tentativa de escapar do tédio. A oração deve sempre começar onde estamos, porque é aí que Deus está: onde realmente estamos, não onde achamos que deveríamos estar.

Também é importante orar como podemos, não como deveríamos. Seja realista. Se você nunca tiver passado um tempo regular em oração pessoal intencional, não tente começar com uma hora ou mesmo meia hora por dia. Combine o seu desejo com as possibilidades presentes em sua vida neste momento e ofereça algum espaço para Deus como uma forma de dizer "sim" ao convite dele para o encontro.

Seu trabalho, depois de criar esse espaço, é simplesmente voltar-se para Deus, abrir-se confiantemente. O resto é trabalho de Deus. A oração é facilmente arruinada quando fazemos dela um projeto, parte de um plano de autoaperfeiçoamento espiritual. Em vez de se empurrar para frente usando determinação, permita que Deus o conduza por meio do desejo. A evidência mais típica da graça em ação dentro de nós não é a consciência do dever, mas a consciência do desejo. Você pode confiar em seus desejos profundos porque eles são um dom de Deus. *A nuvem do não saber* oferece uma imagem marcante disso, quando fala que Deus "acende seu desejo e amarra nele uma corda de anseio"[9]. Preste atenção em como o Espírito está acendendo seus desejos. Essa é a fonte da oração. Permita que a oração tome a forma que Deus lhe der neste momento e fique atento à corda de anseio que o puxará mais à frente, para uma união transformadora com Deus.

---

9 *The Cloud of Unknowing*, trad. James Walsh, New York, HarperCollins, 1981, 116. (Ed. bras.: *A nuvem do não saber*, trad. Lino Correia Marques de Miranda Moreira, Petrópolis, Vozes, 2007.)

3

Lectio divina e quatro caminhos clássicos para a oração

Se a oração é muito mais do que normalmente pensamos, e se as maneiras como podemos nos abrir na oração são tão mais diversas do que normalmente praticamos, talvez um mapa de possibilidades seja útil. Felizmente, a antiga prática de oração monástica cristã da *lectio divina* nos dá esse mapa.

Orar a Palavra

Lectio divina — que significa literalmente "leitura divina", mas é mais bem traduzida como "leitura espiritual" — é uma maneira de se envolver em oração com as Escrituras, a fim de ouvir a palavra pessoal de Deus para você. Ela vem dos primeiros dias da Igreja, com raízes no judaísmo. Os judeus sempre tiveram duas abordagens para a Torá. A primeira é analítica e procura descobrir o único sentido objetivo e verdadeiro do texto. A segunda é mais subjetiva, na medida em que busca o significado espiritual mais profundo e mais pessoal. Ambas, claro, têm validade e importância, mas foi a segunda que proporcionou o solo em que os cristãos primitivos desenvolveram a *lectio divina*. No século III, Orígenes usou a expressão grega *thea anagnosis* (leitura divina) para descrever uma maneira de abordar as Escrituras com o propósito de encontrar uma mensagem pessoal de Deus. Essa prática tornou-se mais difundida quando os padres e madres do deserto fizeram da Palavra de Deus a base de sua vida de oração e, pouco depois disso, São Bento tornou a prática da *lectio divina* central no monasticismo ocidental. Até o século XX, ela esteve associada primariamente à espiritualidade monástica, embora tenha sido redescoberta por católicos romanos leigos desde o Vaticano II e por protestantes pela ascensão mais recente do interesse por práticas espirituais cristãs clássicas.

Ainda que seja com frequência tratada como uma técnica, a *lectio divina* não é de fato um procedimento nem mesmo um método, ou pelo menos não um método único. Ela é mais uma abordagem e uma expectativa. Surge de um desejo de não apenas ouvir as *palavras* das Escrituras, como também de encontrar a Palavra por trás das palavras. Em outras ocasiões e maneiras de nos envolver com as Escrituras, podemos buscar percepções, verdades eternas e preceitos para a vida. Mas, *na lectio divina*, o que buscamos não são informações ou motivação, mas comunhão e união[1]. Não buscamos nada menos do que Deus. Atentamos para a Palavra como uma forma de nos abrirmos para Deus e ouvirmos a palavra viva de Deus para nós. A *lectio divina* trata as Escrituras não como um texto a ser estudado ou um conjunto de verdades a serem apreendidas, mas como a Palavra viva — sempre viva e ativa, sempre fresca e nova.

Ela é, portanto, não tanto uma forma de ler, mas sim uma forma de ouvir. A postura de escuta que ela incentiva é mais passiva do que ativa. Ler as Escrituras dessa maneira é ler (e ouvir) com o coração e o espírito abertos. Não tente encontrar algo ou compreender algo da passagem. Espere pela dádiva que Deus tem para você nela. Leia devagar e com reverência, saboreando o que ouve e prestando atenção com tranquilidade à voz mansa e suave de Deus, que diz: "Esta é a minha palavra para você hoje". É ouvir a voz de Deus, comunicada por meio das Escrituras e revelada pelo Espírito. É, portanto, oração, porque é uma abertura de si para Deus.

A preparação para essa postura de escuta orante começa colocando-se na presença de Deus em quietude e silêncio. O Salmo 48,10 nos

---

[1] PENNINGTON, M. BASIL, *A Place Apart. Monastic Prayer and Practice for Everyone*, Garden City, N.Y., Doubleday, 1983, 82.

lembra de pararmos para que possamos conhecer a Deus. A quietude é uma precondição para um conhecimento profundo de Deus. E o silêncio, claro, é simplesmente uma questão de boas maneiras, uma vez que Deus já está se comunicando. Há um conhecimento de Deus que só é possível em quietude e silêncio; portanto, é aí que devemos começar quando procuramos nos abrir para Deus, diante das Escrituras ou em qualquer outro momento.

Depois de se colocar em quietude na presença de Deus, ofereça uma oração pedindo ao Espírito de Deus que o prepare para receber a Palavra de Deus. Esse é o Espírito que inspirou os autores da Bíblia, e o mesmo Espírito que habita em você. Você está pedindo, portanto, que Deus o inspire, ou seja, que Deus infunda a Palavra nas profundezas do seu ser.

Essa é a essência da *lectio divina* tal como chegou a nós da rica história da espiritualidade cristã. Ela certamente pode ser praticada de maneiras mais complexas, e eu as descreverei a seguir, mas começo por ela em sua forma mais simples, porque esse é o lugar em que recomendo que você comece, se for iniciante nessa maneira de se envolver em oração com as Escrituras.

Minha descoberta da *lectio divina* foi uma dádiva de Deus. Eu topei com ela quando já tinha quase perdido a esperança de encontrar Deus de uma maneira genuinamente vivificante nas Escrituras. Em momentos anteriores de minha jornada espiritual, a leitura devocional da Bíblia tinha sido um canal maravilhoso e rico para encontrar Deus. Mas a dificuldade de meu avanço durante um longo período árido em minha jornada espiritual, alguns anos atrás, me fez acabar desistindo das leituras particulares das Escrituras, porque minhas maneiras de ler simplesmente não estavam me servindo como um meio de graça. Desistir da leitura pessoal da Bíblia não resolveu meu anseio de encontrar Deus mais profundamente, mas aliviou a frustração de me apegar teimosamente a uma prática espiritual que não estava mais me trazendo vida.

Encontrei a *lectio divina* pela primeira vez em um livro de Basil Pennington[2]. Ele a descrevia como sua prática espiritual mais básica e importante. Fiquei intrigado porque estava claro que, longe de ser uma disciplina, essa maneira de se envolver com as Escrituras lhe trazia vida. Aqui e em outros lugares, ele falava de acordar de manhã na expectativa e ansioso para receber a palavra que Deus tinha para ele naquele dia. A Eucaristia e a *lectio* eram, ele dizia, os dois locais em que era mais profundamente tocado por Deus. Junto com a oração centrante, à qual também fui apresentado nesse encontro inicial com ele e a espiritualidade cisterciense, elas formavam a estrutura de seu dia como monge, criando períodos sucessivos de quietude em oração, abertura e recepção do fluxo de vida de Cristo. Eu queria o que ele tinha. Sabia que precisava encontrar uma maneira vivificante de aprender novamente a me abrir para as Escrituras e, por meio delas, encontrar a Deus. E sabia que minha vida precisava desesperadamente da quietude que permitiria que esse encontro fosse mais transformacional.

Ao longo dos anos, essa prática simples rejuvenesceu profundamente, tanto minha leitura das Escrituras como minha experiência de Deus na oração. Essa não é minha única maneira de ler a Bíblia nem de orar. Mas tornou as Escrituras revigoradas e pessoais outra vez e me ajudou a encontrar a Deus de modo imediato e vital. Em resumo, colocou-me de novo em contato com a Palavra, não apenas com a Bíblia.

Quatro movimentos, quatro caminhos de oração

Se olharmos para esse processo de oração com mais atenção, podemos ver, no entanto, que a *lectio divina* envolve quatro componentes, ou, como prefiro chamá-los, quatro movimentos. Em vez de ser um processo linear que deve ser seguido mecanicamente, eles descrevem

---

2 PENNINGTON, *A Place Apart*. Para uma discussão muito mais completa da *lectio divina*, ver o livro mais recente desse autor, *Lectio divina. Renewing the Ancient Practice of Praying the Scriptures*, New York, Crossroad, 1998.

quatro dimensões da dança rica e dinâmica que é a *lectio divina*. Vou primeiro descrevê-los separadamente em sua sequência usual e, depois, retornaremos à maneira mais fluida como essa dança com Deus realmente se desenvolve.

Como usualmente praticada, a *lectio divina* envolve ler e escutar uma passagem curta da Escritura várias vezes, com ampla oportunidade de quietude contemplativa entre e dentro de cada leitura. Na forma clássica do método associada à espiritualidade beneditina, a passagem seria lida quatro vezes com um enfoque ligeiramente diferente em cada leitura. Se eu estivesse orientando você pelo processo, poderia dizer algo assim:

> Prepare-se agora para ouvir a Palavra de Deus para você. Nesta primeira leitura, ouça o sentido geral do que está sendo comunicado. Abra todo o seu ser para esse processo. Preste atenção às palavras que ouve, mas atente principalmente para a palavra ou frase que se destacar para você. Repare também em qualquer imagem que possa se formar dentro de você, ou lembranças, sensações ou experiências que possam surgir em sua consciência enquanto você ouve. Sente-se em silêncio depois de ouvir as palavras e permita que a Palavra de Deus se forme dentro de você, enquanto se abre em atenção e expectativa para o que Deus tem para você.

Depois da primeira leitura e de um período adequado de silêncio, eu poderia então prosseguir para a segunda leitura com estas palavras:

> Ouça agora a mesma passagem lida uma segunda vez. Desta vez, permita-se refletir sobre o que está ouvindo tanto em sua cabeça como em seu coração. Repare nos pensamentos que surgem em resposta à Palavra e nos movimentos em seu coração.

Seguindo o mesmo padrão, eu poderia seguir então para a terceira leitura, dizendo:

> Ouça agora a passagem pela terceira vez. Desta vez, permita-se responder ao que tocou sua mente e coração. Essa resposta pode ser em palavras ou não, mas é oração se for oferecida com fé e abertura para Deus.

Por fim, após mais um período de silêncio, eu poderia dizer:

> Ouça uma última leitura e permita-se simplesmente estar com Deus em quietude. Repouse em Deus e esteja com o Deus que falou com você por meio da Palavra.

Não há nada de mágico nessa formulação nem nada fixo na maneira como a passagem deve ser ouvida em múltiplas leituras. No entanto, o que acabei de oferecer apoia-se em uma estrutura para a oração que foi esboçada pela primeira vez pelo monge cartuxo do século XII, Guigo II. Ele identificou quatro estágios da oração monástica e os chamou de *lectio*, *meditatio*, *oratio* e *contemplatio*. Ele ensinou que a oração é uma jornada do texto bíblico (*lectio*) à indagação (*meditatio*), à resposta (*oratio*) e, por fim, ao dom da presença de Deus (*contemplatio*). Guigo II interpretou esses passos de maneira bastante linear. Na verdade, a imagem que ele ofereceu foi de uma escada com quatro degraus. Desconsiderando essa organização hierárquica por enquanto, sugiro que o que esses quatro termos latinos descrevem sejam quatro amplos caminhos de oração: oração como atenção, oração como ponderação, oração como resposta e oração como ser.

Lectio	Oração como atenção
Meditatio	Oração como ponderação
Oratio	Oração como resposta
Contemplatio	Oração como ser

Quatro movimentos da *lectio divina*

Lectio é oração como atenção. Este deve ser o fundamento de toda oração. Com significado literal de "leitura", *lectio* nos lembra de que a oração deve começar como uma abertura atenta e expectante. Na *lectio*, ouvimos e esperamos pela voz mansa e tranquila de Deus, que nos falará pessoal e intimamente. Procuramos ouvir uma palavra ou frase que seja a palavra de Deus para nós nesse dia. Com fé, esperamos que Deus fale por meio da Palavra e do Espírito para o nosso espírito.

Meditatio, de onde obtemos a palavra *meditação*, é oração como ponderação. Agora, absorvemos reflexivamente o que recebemos de Deus na *lectio*. Enquanto *lectio* envolve os sentidos e a intuição, *meditatio* é principalmente uma atividade cognitiva (cabeça) e afetiva (coração). "Cognitivo" significa que envolve pensamento. Mas o pensamento que é espiritualmente produtivo não pode nunca ser restrito a pensamentos racionais e analíticos. É mais como ponderar ou refletir. Lembremos de Maria, que, após a notável visitação do anjo de Deus e a comunicação da notícia assombrosa e inimaginável da criança que ela ia gerar, teria ponderado todas essas coisas em seu coração (Lc 2,51). *Meditatio* nunca pode ser apenas uma atividade da mente. Deve também envolver o coração. A ponderação da *meditatio* combina cabeça e coração.

Com o significado literal de "falar", *oratio* é oração como resposta. Depois de refletir sobre a palavra de Deus para nós, nosso coração é tocado e nossa vontade, despertada. *Oratio* é nossa resposta a esse despertar de nosso espírito. Essa resposta pode assumir muitas formas. Pode ser uma resposta com palavras, o que com frequência entendemos como oração. Mas também podemos nos prostrar em adoração, acender uma vela, ficar de pé ou sentados em um silêncio que abre espaço para a gratidão, escrever nosso próprio salmo, pintar um desenho, cantar, sair para uma caminhada ou muitas outras coisas. Que alegria aprender a orar não só com palavras, mas também com as mãos, os pés e o coração! A palavra que recebemos começou agora a tocar nosso eu mais profundo, e nós respondemos dessa profundeza.

Contemplatio é oração como ser. Como é evidente, a palavra *contemplação* vem dessa origem latina. Em *contemplatio*, repousamos na presença daquele cuja palavra e presença nos convidaram para um abraço transformador. Tendo tocado nossa mente e nosso coração, a Palavra agora nos conduz a um repouso quieto no Amado. Essa é uma oração de presença. É oração como ser, um dom de estar em e com Deus que permite que nosso subsequente e muito importante agir flua desse centro tranquilo. É o movimento da conversa para a comunhão.

Mais amplamente entendida, a *lectio divina* envolve o recebimento da revelação de Deus onde quer que ela ocorra. Isso significa que há outros meios além das Escrituras que também podem ser usados nessa maneira de oração. Podemos, por exemplo, aplicá-la à leitura de um livro ou artigo. Na verdade, ela é muito apropriadamente usada ao ler algo devocional — digamos, por exemplo, o livro que você agora tem nas mãos. Mas também podemos abrir nossos sentidos e ficar atentos à revelação de Deus enquanto ouvimos música, apreciamos uma obra de arte, contemplamos um ícone, conversamos com um amigo, ouvimos um sermão ou admiramos o pôr do sol. Como Paulo lembrou aos cristãos em Roma, para a mente que está aberta e preparada para ver, Deus está sempre ali para ser visto (Rm 1,19-20). A revelação de Deus é particularmente clara na parte da criação que reflete mais diretamente a imagem e semelhança divinas: a pessoa dotada da graça[3]. Em nós mesmos, e nos outros, podemos experimentar a presença amorosa de Deus e ouvir a palavra de Deus para nós. A *lectio divina* não se restringe, portanto, a ler um livro. No entanto, a escuta mais privilegiada da palavra de Deus sempre será quando nos sentamos em quietude orante diante das Escrituras, particularmente quando o fazemos dentro da comunidade cristã.

Oração holística

Você deve se lembrar de que Guigo II via a *lectio divina* como quatro estágios de oração. Ele descreveu esses estágios como quatro degraus de uma escada pela qual ascendemos a Deus. Infelizmente, essa imagem se encaixa muito bem na espiritualidade de ascensão que parecemos desejar: uma espiritualidade de aproximações progressivas

---

3 Uso o termo *criação* sem fazer nenhuma consideração científica, simplesmente para me referir à atividade geradora daquele que o Credo Niceno chama de "Deus Pai Todo-Poderoso, Criador do céu e da terra". No capítulo quatro, terei mais a dizer sobre criação, e meu uso não científico da palavra se aplica ali também.

de alguma meta espiritual que achamos ser alcançável se seguirmos as regras. No entanto, apesar de ser com tanta frequência interpretada equivocadamente dessa maneira, a espiritualidade cristã se move exatamente na direção oposta. A espiritualidade cristã é uma espiritualidade de descida. Ela nos convida a seguir Jesus em um caminho de esvaziamento e entrega. O caminho de Cristo é sempre o caminho da cruz. A Sexta-Feira Santa sempre antecede o Domingo de Páscoa.

Mas as consequências para o entendimento e a prática da oração desse tipo de escada de formas de oração são igualmente perigosas. Isso transforma uma prática de oração rica e dinâmica em algo mecânico e linear. Organizar os quatro componentes hierarquicamente também implica que eles têm uma ordem de importância. Essa tem sido parte da razão pela qual a oração contemplativa é com frequência erroneamente considerada uma forma "superior" de oração, adequada apenas para as elites espirituais que já dominaram os níveis inferiores de oração. Esse é um equívoco sério. Todos os quatro movimentos de oração são igualmente importantes e são dádivas de Deus para todos os cristãos. Nenhum está limitado a pessoas de um gênero, idade, personalidade ou estágio específico da jornada espiritual.

Algumas pessoas às vezes me dizem que a oração contemplativa não é para elas porque são muito extrovertidas, ou que a oração reflexiva não é para elas porque não são suficientemente intelectuais ou meditativas. Outros me dizem que a oração que envolve o coração não é para eles porque não são particularmente emotivos. Porém, mais uma vez, esses julgamentos são baseados em entendimentos equivocados, porque cada uma dessas maneiras de se engajar na oração corresponde a uma maneira de se engajar na vida; uma será sempre mais natural do que as outras para cada um de nós. No entanto, todos nós nos beneficiaremos ao aprender a abrir cada um desses portais de nosso ser para Deus na oração. Ao fazermos isso, Deus começa a pegar nossas partes menos desenvolvidas e entrelaçá-las em nosso verdadeiro eu, que está sendo formado em Cristo.

Juntos, esses quatro movimentos nos dão uma imagem da oração holística. Abrir-se para Deus em sua totalidade envolve encontrá-lo na mente e no coração, nos sentidos e na imaginação, em quietude e ação, em meditação e contemplação. A oração holística envolve todo o nosso ser. Na oração, trazemos nosso eu total para Deus e, na oração, esse eu total se torna cada vez mais um eu completo.

Em vez de pensar nesses quatro componentes como estágios, sugiro que você pense neles como movimentos da dança da oração. Essa dança não precisa seguir uma ordem predefinida. Permita que o Espírito conduza a dança e deixe que ela se desenvolva espontaneamente. Às vezes, ela incluirá apenas um ou dois dos movimentos e, às vezes, todos eles. Não se preocupe, portanto, com a sequência do que acontece quando você pisa na pista de dança nem tente controlar o processo. Apenas abra seu coração para Deus e deixe que o Espírito conduza essa dança de amor, de maneira que ela seja a dádiva de Deus para você no momento presente.

Silêncio e a Palavra

Se olharmos com mais atenção, podemos ver que essa dança é ainda mais simples do que eu sugeri. Seus quatro movimentos podem ser concentrados em dois movimentos principais: o silêncio e a Palavra.

Tanto o silêncio como a Palavra estão na essência da oração. A Palavra de Deus nos leva ao silêncio. Ela atravessa nossas palavras até o centro silencioso de nosso coração. Mas, independentemente do que Cynthia Bourgeault chama de "solo nutridor do silêncio contemplativo", nosso engajamento com a Palavra tende a se tornar analítico e perde seu poder transformacional[4]. O silêncio acalma nosso espírito e aprofunda nossa consciência de Deus e de nós mesmos. Mas, na ausência da Palavra, o silêncio se torna um vazio, um lugar de presença para si mesmo que não está ancorado na presença para Deus.

---

[4] BOURGEAULT, CYNTHIA, *Centering Prayer and Inner Awakening*, Cambridge, Mass., Cowley, 2004, 73.

A Palavra e o silêncio se completam. Seu ritmo é tão simples e básico quanto respirar. Nós inspiramos. Nós expiramos em resposta. Então, espontaneamente, nós nos abrimos e inspiramos uma vez mais. E, com a mesma naturalidade, respondemos expirando. Deve acontecer o mesmo com o ritmo desses dois movimentos centrais da oração. Primeiro nos abrimos com fé e absorvemos a Palavra de Deus; depois, repousamos em silêncio, permitindo que essa Palavra se torne vida para nós. Inspiramos Deus, expiramos Deus de volta para o mundo e para nossa vida diária. Todos os cristãos precisam de ambos os movimentos. Ninguém pode se especializar na Palavra ou no silêncio, ignorando o outro, sem consequências para a saúde do espírito e da alma. Fazer isso é como tentar apenas inspirar ou apenas expirar. Um leva ao outro — pelo menos se você quiser permanecer vivo!

Por onde você deve começar? Eu recomendo começar com a Palavra. Abra-se com fé e aceite os dons e convites que recebe de Deus por meio da Palavra. Deixe a Palavra envolvê-lo, como a água se derrama sobre você quando está embaixo de uma ducha morna. Pondere-a, com o coração e a mente. Permita-se responder a ela. Mas certifique-se de deixar espaço suficiente em silêncio para o existir que cresce do que você recebe.

Atreva-se a acreditar que Deus ainda se comunica e que as Escrituras podem se tornar a Palavra viva de Deus para você. Então, com expectativa orante, saboreie as palavras de uma passagem curta da Escritura, buscando a presença de Deus e a palavra pessoal de Deus para você. Considere a palavra ou frase que você receber como uma dádiva de maná espiritual: o pão de cada dia vindo do Pão da vida. Às vezes, você voltará ao texto repetidamente, seja para refletir melhor sobre a palavra que Deus lhe deu, seja para buscar alguma nova dádiva. Em outras ocasiões, uma única palavra ou expressão virá rapidamente para você, dando-lhe algo para refletir, responder e acompanhar pelo resto do dia. Não se distraia com avaliações ou comparações. Lembre-se de que a natureza de sua experiência de oração cabe a Deus. Portanto, tire o nariz dos negócios de Deus! É suficiente se contentar em estar na presença de Deus, orando as Escrituras. Essa é a oração da *lectio divina*.

Uso na prática

A *lectio divina* tem o potencial de ser uma força tão dinâmica e vitalizadora de Deus em nossa vida que quero ter certeza de não deixá-la em um lugar excessivamente conceitual. O que ela nos oferece é um meio extremamente poderoso, no entanto muito simples, de estar com Deus em quietude diante da Palavra, algo que pode e deve se tornar parte da vida de oração de todo cristão. Portanto, vou reunir aqui algumas coisas práticas que você pode fazer, caso se sinta convidado a tornar essa oração parte de sua própria prática.

1. *Lugar*. Escolha um lugar silencioso e horários regulares para a prática da *lectio divina*, que contribuam para uma abertura atenta para Deus. Pense em ter à disposição uma vela que você possa acender quando começar a oração, como uma forma de convidar a Luz do mundo a estar presente ali. Um crucifixo ou ícone também pode ser útil, mas não os use se isso for contra sua própria tradição espiritual. Porém, se forem usados, esses tipos de auxílio à oração não tornam o lugar sagrado, mas sim sua intenção de estar aberto a Deus, em uma oração de quietude e presença diante da sua Palavra. Contudo, eles podem facilitar sua consciência da presença de Deus, e é dessa forma que servem como apoios para a oração.

2. *Tempo*. Seja realista ao pensar em quando e por quanto tempo você tentará praticar essa oração, mas também planeje para que aconteça com regularidade. Talvez diariamente funcione para você, mas não se sinta pressionado a isso. Muitas pessoas tentam dedicar esse tempo à oração três ou quatro vezes por semana. Lembre-se: ore como você pode, não como deveria. Da mesma forma, seja realista sobre quanto tempo pode reservar à *lectio divina*. Esse talvez não seja o único momento ou a única maneira de você orar. Porém, estabeleça uma quantidade de tempo realista, que você se esforçará para cumprir, a fim de se encontrar com Deus em silêncio e com a Palavra. Talvez sejam apenas cinco minutos. Mais tempo é melhor (dez a quinze minutos pode ser o ideal), mas nem sempre é possível. Faça com uma frequência que seja realisticamente possível e por um tempo que não o deixe apressado. Lembre-se de que você está respondendo a um convite para a comunhão com seu Amado. Não transforme isso em uma atividade heroica.

3. *Uma leitura curta*. Lembrando que essa oração não precisa ter como base um livro, sugiro, mesmo assim, que você comece apoiando sua prática da *lectio divina* na leitura, e que a faça habitualmente mediante uma passagem curta da Escritura. Teoricamente, qualquer parte da Escritura pode ser adequada, mas muitas pessoas acham que essa forma de orar a Palavra funciona melhor quando se usa um salmo curto (ou alguns versículos de um salmo mais longo) ou uma passagem curta de um dos Evangelhos. As Epístolas também funcionam muito

bem. Se você não tiver um plano de leituras diárias, pode usar um dos lecionários impressos ou *on-line* disponíveis, que trazem uma lista das leituras diárias[5]. O que quer que você leia, o importante é fazê-lo lenta e contemplativamente, várias vezes. Lembre-se de que essa não é uma leitura pelo conteúdo. É uma escuta contemplativa com abertura da mente e do coração, dos sentidos e da imaginação. Não tente completar uma quantidade definida de texto bíblico, tornando isso, por exemplo, parte de um projeto de leitura de toda a Bíblia. Apenas pegue um pequeno trecho da Escritura e espere que Deus lhe dê uma palavra ou frase que nutrirá sua alma e atenderá às suas necessidades espirituais presentes.

4. *Preste atenção para ouvir uma palavra de Deus.* Neste contexto, uma "palavra" não significa necessariamente uma única palavra; pode ser uma expressão ou mesmo uma frase curta que exprima uma mensagem significativa, resumida em poucas palavras. Note o toque gentil que chama sua atenção, faz você parar e pensar, ou estimula uma lembrança ou uma sensação corporal. Confie que essa é a palavra de Deus para você.

Margaret Silf compara o processo de escuta na *lectio divina* ao processo de degustação de uma caixa de chocolates. Assim como na degustação de chocolates experimentamos um e depois outro, voltando quando encontramos aquele que é mais satisfatório, também na *lectio divina* "lemos ou ouvimos uma passagem da Escritura e experimentamos cada palavra, cada expressão, conforme ela passa lentamente diante de nós. E, quando encontramos uma frase, um pensamento, uma imagem ou uma lembrança que nos comove de alguma maneira, nós o seguramos e deixamos que se torne nossa oração"[6]. Não há necessidade de tentar analisar sua reação ou descobrir por que essa palavra em particular fala com você. Apenas a receba como uma dádiva.

Às vezes, Deus pode falar muito diretamente. Uma palavra ou expressão do texto pode parecer praticamente saltar sobre você. Outras vezes, nada será tão dramaticamente óbvio. E haverá dias em que Deus parece não falar nada. Mas

---

5 Há muitas versões impressas de lecionários de leituras diárias em livrarias cristãs. Uma versão eletrônica do The Revised Common Lectionary pode ser encontrada em <http://lectionary.library.vanderbilt.edu>. Anglicans Online também tem alguns excelentes recursos, incluindo lecionários e várias versões eletrônicas do ofício diário (http://anglicansonline.org/resources/liturgical.html). The Daily Office of the Catholic Church (organizado de acordo com o uso anglicano e católico romano) também é um excelente recurso *on-line* (www.bookofhours.org).

6 SILF, MARGARET, Discovering *Lectio Divina*. Out of the Chocolate Box, *Crosspoint*, spring 2003, 28.

apenas ouça com abertura e atenção. E, se nada em particular falar-lhe dessa maneira especial, escolha simplesmente uma palavra ou frase com fé e leve-a com você durante o dia. Pode ser que ela lhe fale pessoalmente mais tarde, às vezes quando você menos esperar. Ou pode ser uma palavra de que outra pessoa precise. Seja como for, quando você tiver identificado a palavra ou expressão que lhe é própria, simplesmente a deixe ser um portal para um encontro com o Senhor. Reflita sobre ela em sua mente e no coração e leve-a com você durante o dia.

5. *Responda*. Agradeça a Deus pela dádiva que recebeu e pela palavra pessoal de Deus para você. E, então, permita que seu coração e sua cabeça o orientem em uma resposta. Esta pode ter a forma de uma oração em palavras, mas isso não é necessário. Você pode se sentir levado a escrever algo em seu diário, fazer uma pintura, ouvir ou produzir música, ou ligar para um amigo. Seja qual for a sua resposta, ela é uma forma de expressar a palavra que você absorveu e sobre a qual esteve ponderando. É um modo de liberar essa palavra em sua vida. É, portanto, oração.

6. *Esteja com Deus em quietude*. Por fim, quando sua oração em palavras terminar, simplesmente esteja com Deus em quietude. Sente-se em silêncio na presença de Deus. Mergulhe na bondade da graça de Deus. Permita-se estar perdido em oração, perdido em Deus. Repouse na presença da Palavra viva. Não se preocupe se nada notável acontecer. Como Juan, o trabalhador que parava diariamente para ficar quieto e em oração na igreja do centro da cidade, simplesmente passe algum tempo com o seu Senhor. Essa experiência de desfrutar Deus sem palavras e em silêncio é contemplação. Receba-a como uma dádiva.

Repare que você está terminando seu tempo de oração da mesma forma como o iniciou: em silêncio. Leve essa quietude contemplativa com você enquanto prossegue seu dia. E permaneça sempre alerta, porque o Deus que esteve com você nesse encontro divino estará à sua espera e procurando mais momentos de encontro amoroso ao longo do dia. Portanto, fique atento e aberto.

Olhando adiante

Uma maneira de organizar a diversidade das centenas de técnicas e práticas de oração específicas, que são parte da rica herança da espiritualidade cristã, é considerá-las pela perspectiva dos quatro movimentos da *lectio divina*. Isso proporcionará o modelo para os próximos quatro capítulos, em que examinaremos cada uma dessas quatro faces da oração holística com muito mais detalhes. O que descobrimos é que, embora cada uma dessas práticas de oração tenha como fundamento atenção, ponderação, resposta ou ser, a maioria delas faz a pessoa que ora se mover dessa base em direção às outras dimensões da oração holística. Como indiquei antes, não há um padrão fixo para o movimento por essas quatro faces da oração, nem há necessidade de que todas elas estejam presentes em qualquer experiência individual de oração. No entanto, Deus deseja nos incluir inteiros nesse encontro transformacional que a oração envolve. Isso significa que não devemos nos surpreender que, embora possamos começar em qualquer ponto dessa roda de oração, abrir-nos para Deus sempre convidará a uma resposta da totalidade de nosso ser. A dança com o divino pode começar em qualquer um dos quatro movimentos, mas, com o tempo, sempre nos levará para essa resposta holística.

4

Oração como atenção

São 3h20 da madrugada e estou sentado na igreja. Estou cercado pela escuridão, que é aliviada apenas pela luz de uma única vela no altar. Na minha frente estão quarenta ou quarenta e cinco monges com capuzes brancos, que lhes cobrem a cabeça e lhes escondem o rosto. Eles estão sentados em silêncio, quietude e expectativa. Juntos, esperamos o início das vigílias e a primeira leitura do dia da Palavra de Deus. Sou hóspede na Abadia de São José, em Spencer, Massachusetts, tendo vindo aqui para um retiro. Ao contrário dos monges com quem compartilho esses dias de atenção orante, não costumo me levantar no meio da noite para ouvir a Palavra de Deus. Mas, ao fazer isso estes dias, tenho profunda consciência de como é importante fundamentar a oração na atenção.

Isso é *lectio*. É a oração de escutar, vigiar, esperar e tentar discernir a presença do Deus que não só está sempre presente, como também está sempre nos estendendo os braços com amor. Não oramos para obter a atenção de Deus. Oramos para que Deus obtenha nossa atenção. Oramos para que, à medida que nossa atenção a Deus aumente, nossa alma seja moldada pela realidade da presença constante, amorosa e autorreveladora de Deus.

O Deus que é presença

Embora muitas vezes sejamos tentados a pensar que Deus está ausente, na verdade somos nós que estamos ausentes. Se Deus estivesse ausente, nós não seríamos. Nosso ser é dependente do ser de Deus. A presença de Deus está firmada não apenas nas promessas da Escritura, como também na criação. A criação não foi simplesmente um evento em um momento isolado no tempo. Quando Deus chamou o mundo à existência, ele estabeleceu uma realidade que era absolutamente dependente da presença divina contínua e sustentadora. É por isso que Tomás de Aquino afirmou que nunca devemos pensar na criação como um evento com um antes e um depois. A criação é contínua. É agora. É o derramamento incessante da vida de Deus — um derramamento que é essencial para sustentar tudo que existe.

Rowan Williams, arcebispo de Cantuária, oferece uma analogia que eu acho útil para compreender as implicações disso. Pense em uma lâmpada. Sabemos que, quando ligamos o interruptor e a luz começa a brilhar, isso é possível por causa da corrente elétrica. No entanto, isso não significa que a energia se faz presente apenas no momento em que ligamos o interruptor. Pelo contrário, ele argumenta, "a luz está brilhando aqui e agora porque a corrente elétrica está circulando aqui e agora. Da mesma forma, é a 'corrente' da atividade divina que está aqui e agora nos fazendo reais". Ele continua:

> Deve ser um pensamento bastante empolgante que o momento da criação seja agora — que se, por algum acidente impensável, a atenção de Deus escorregasse, não estaríamos aqui. Isso significa que dentro de cada circunstância, cada objeto, cada pessoa, a ação de Deus está acontecendo, uma espécie de calor incandescente no centro de tudo. Significa que cada um de nós já está em um relacionamento com Deus[1].

---

[1] WILLIAMS, ROWAN, *Tokens of Trust*, London, Canterbury Press Norwich, 2006, 35.

Por trás e por baixo de tudo que existe, e a cada momento da existência, está o derramamento da vida de Deus. Não é apenas uma figura de linguagem dizer que Deus está mais perto do que nossa próxima respiração. Deus está nessa próxima respiração e em cada uma que a segue, assim como em cada uma que já a precedeu. Separados do EU SOU, nós não seríamos. Por causa do EU SOU, a atenção orante pode ser um meio de cultivar a consciência da presença constante de Deus.

Ouça a experiência de Hafiz, um místico e poeta sufi do século XIV que tinha uma profunda consciência da presença amorosa de Deus. Seu poema se chama "Vigilante".

> De manhã,
> Quando comecei a acordar,
> Aconteceu novamente –
> Aquela sensação
> De que tu, Amado,
> Ficaste junto de mim a noite toda,
> Vigilante.
> Aquela sensação
> De que, assim que comecei a me mexer,
> Puseste teus lábios em minha testa
> E acendeste uma Lâmpada Sagrada
> Dentro do meu coração[2].

Uma ideia notavelmente semelhante é expressa nos seguintes versos de um famoso poema do antigo poeta hebreu Davi, um poema que judeus e cristãos conhecem como Salmo 5.

> Ó meu Rei e meu Deus, presta atenção à voz da minha prece!
> Pois só a ti, Senhor, é que eu suplico;
> Já de manhã me escutas.
> Preparo de manhã minha oferenda,
> Tua sentença espero (vv. 3-4).

---

[2] HAFIZ, *I Heard God Laughing*, trad. Daniel Ladinsky, Walnut Creek, Calif., Sufism Reoriented, 1996, 91.

Repare na sequência. Davi ousa estar atento a Deus porque confia que Deus já está atento a ele. Sabe que, ao amanhecer, Deus está ouvindo sua voz, vigilante a ele. E assim, em resposta, ele espera por Deus e se mantém em prontidão e antecipação para a comunhão amorosa com esse Deus que está estendendo os braços para ele. Todo entendimento adequado da oração principia com a constatação de que a oração começa com a comunicação e a atenção de Deus. Deus se inclina para nós com uma abertura atenta e nos convida a responder da mesma forma.

Como Hafiz, Davi conhecia essa verdade espiritual extremamente importante. Deus está presente para nós no amor, e essa presença pode ser conhecida e parte de nossa experiência. Atentar para essa realidade é oração. Cultivar essa consciência está no próprio centro da oração cristã.

Observar essa presença amorosa

Deus pode estar presente, mas com que frequência estamos conscientes dessa preciosa dádiva pessoal? Infelizmente, para a maioria de nós a resposta é: raramente. A maioria de nós passa grande parte da vida alheia ao Deus com quem vivemos, nos movemos e temos nosso ser — sem perceber que esse mesmo Deus que é nossa origem e nossa realização está conosco enquanto vivemos cada dia. Nós nos comportamos como se fôssemos deístas, não teístas. Comportamo-nos como se Deus pudesse ter estado presente quando o interruptor de luz da criação foi ligado, mas tivesse se mantido afastado desde então. Esquecemos que a continuidade de nosso ser e de toda a existência reflete o derramamento contínuo da vida e do ser de Deus.

O cultivo da atenção à presença de Deus deve ser o solo do qual brota toda oração. Inácio de Loyola, o fundador, no século XVI, da ordem jesuíta conhecida como Companhia de Jesus, entendia isso claramente e incentivava seus seguidores a reservar um tempo todos os dias para prestar atenção orante em como Deus estava presente para nós com amor e atenção, e em como respondemos a essa presença.

Ele chamou essa oração de "exame de consciência", ou apenas exame. Quando abençoado por Deus, leva à cura da percepção: uma transformação profunda e interior da consciência, em que a percepção da presença de Deus se torna cada vez mais o pano de fundo constante de nossa vida.

Há três etapas simples no exame. Esta é a maneira como eu as interpreto.

1. Depois de se acomodar em um lugar onde provavelmente não será perturbado, comece afirmando que, onde quer que esteja, você está na presença de Deus. Concentre-se em quietude diante de Deus, permitindo-se tomar consciência do Deus que está presente dentro de você, nas pessoas que Deus colocou em sua vida e no mundo. Expresse a Deus o seu desejo da graça de ver a si mesmo, aos outros e ao mundo pelos olhos dele.

2. Agora permita que sua atenção vagueie pelo seu dia presente, deixando os fragmentos de seu dia fluírem por sua consciência como lembranças. Não há necessidade de tentar organizar ou controlar essas lembranças, ou de ser abrangente em sua rememoração do dia. Simplesmente confie que o Espírito trará à mente os eventos significativos aos quais você deve prestar atenção. Enquanto isso acontece, repare nas bênçãos do dia e dê graças a Deus por elas. Mas também preste atenção nos movimentos internos de seu coração e em sua resposta às pessoas e experiências que foram parte de seu dia. Note os momentos em que você deixou de ver a face de Cristo em alguém que encontrou, ou em que respondeu por medo ou interesse pessoal em vez de amor. Este não é o momento de se demorar em suas deficiências e se repreender. Simplesmente expresse lamento pelos momentos do dia em que não esteve consciente do amor de Deus e não o deixou fluir livremente através de você. Peça perdão pelas vezes em que resistiu à luz e escolheu a escuridão, e agradeça a Deus pelas vezes em que a graça permitiu que você fosse conduzido pelo fluxo do amor dele.

3. Encerre tal exame pedindo novamente a graça de estar aberto, atento e receptivo à presença amorosa de Deus, agradecendo

mais uma vez a ele por esse dom tão precioso. Você pode, então, finalizar com a Oração do Senhor (o pai-nosso).

Eu com frequência termino meu dia com o exame. Costumo passar cerca de cinco a dez minutos nessa oração. Geralmente tomo consciência de grandes períodos do dia em que não estive atento à presença de Deus, fechado para o influxo de vida divina. Fico triste ao perceber isso, mas esse reconhecimento me ajuda a clamar pela graça de continuar me voltando com abertura e confiança para Deus, e de ver a vida pelos olhos de Deus. Mas esses também são tempos de alegria, quando vejo os momentos em que me permiti estar aberto e alinhado com a ação de Deus em mim e no mundo. Vou dar um exemplo de um dia recente.

O dia em questão foi comum: passei a maior parte dele na frente de meu computador, escrevendo e periodicamente fazendo pausas para responder a *e-mails*, depois um passeio de bicicleta no fim da tarde, jantar e algum tempo relaxante com minha esposa à noite, terminando com uma caminhada e uma última verificação de meus *e-mails*. Como na maioria dos dias, a lembrança do dia que me veio durante a oração do exame foi fragmentada — não sequencial e longe de ser exaustiva. (Imagine como seria exaustivo se ela fosse exaustiva!) Deixei os pedaços do dia flutuarem diante de mim, até que algo de repente chamasse minha atenção. Nessa noite, a primeira coisa a fazer isso foi um *e-mail* de uma pessoa aborrecida com algo que eu havia dito. Enquanto eu me concentrava nesse momento, lembrei a mim mesmo de que meu propósito ao examiná-lo não é autoanálise, mas perceber a Deus. Minha pergunta é onde Deus poderia ter estado nesse incidente.

De repente, eu sorri. A resposta era muito óbvia. O que eu vi não era mais uma amiga me falando sobre sua irritação diante de minha aspereza inadequada, mas sim Deus gentilmente me convidando a ir com mais calma em meu dinamismo e em minha compulsão de realizar sempre mais; convidando-me mais uma vez a relaxar. Meu comentário que magoou minha amiga derivou de minha irritação por ela não estar correspondendo às minhas próprias expectativas irracionais. Deus estava, por meio dela, convidando-me a escolher a vida e a renunciar a minhas próprias ideias do que isso envolve e de como alcançá-lo.

Encontrar algo assim faz com que seja fácil para mim, nesse ponto do exame, ser desviado para um planejamento de autoaperfeiçoamento. Mas, lembrando-me de que o que eu realmente desejava era conhecer a presença de Deus, simplesmente agradeci a ele por essa visitação divina e dom da graça, expressei arrependimento por ter magoado minha amiga e permiti que minha rememoração do dia prosseguisse. Isso foi seguido por mais uma repassada rápida pela superfície dos eventos do dia. Repeti minha intenção de observar onde mais Deus havia estado comigo nesse dia.

De repente, outro momento me chamou a atenção. Dessa vez, foi quando passei de bicicleta por um maravilhoso bosque em um trecho da ciclovia perto de nossa casa. Vi novamente os raios de sol entre os galhos dos altos pinheiros que me cercavam na trilha. Senti o calor do sol. Ouvi o estalar do cascalho fino e densamente compactado da ciclovia sob as rodas. Mais uma vez, eu sorri. Conheci o dom de estar vivo no mundo de Deus, de estar em Deus, de estar com Deus. Meu coração se encheu de gratidão. Agradeci a Deus pela alegria dessa lembrança e percepção guiadas pelo Espírito. Eu não acreditei que Deus estava comigo. Eu soube.

De repente, a letra de um hino de Maltbie Babcock veio à minha mente, seguida de imediato pela melodia familiar que eu cantei pela primeira vez quando era criança:

> Este é o mundo de meu Pai e, aos meus ouvidos atentos,
> Toda a natureza canta, e à minha volta ressoa a música
> das esferas.
> Este é o mundo de meu Pai: eu repouso pensando
> Em pedras e árvores, em céus e mares;
> Sua mão operou as maravilhas.
>
> Este é o mundo de meu Pai, os pássaros elevam seus cantos,
> A luz da manhã, o lírio branco, declaram seu
> louvor ao Criador.

Este é o mundo de meu Pai: ele brilha em tudo o que é belo;
No farfalhar da grama eu o ouço passar;
Ele fala comigo em todos os lugares[3].

Agradeci a Deus pela bênção que a atenção orante a Deus desse ministro presbiteriano do início do século XX foi para ele, para mim e, sem dúvida, para tantos outros. E então permiti que a rememoração de meu dia com Deus continuasse.

E é assim, geralmente, que esse tempo passa. Nunca envolve algo como uma revisão abrangente do dia inteiro. Mas sempre volta minha atenção para o meu Senhor. Acho que é uma maneira suave e íntima de terminar o dia em comunhão de oração. Às vezes, fico temporariamente perdido em reflexão sobre os eventos que o Espírito trouxe à minha mente, mas, em geral, assim que percebo o que está acontecendo, consigo deixar isso de lado e simplesmente me concentrar em minha consciência de Deus e na resposta a ele. Claro, em algumas situações, isso é mais difícil que em outras. Quando não consigo discernir a presença de Deus em uma experiência ou lembrança, simplesmente oro para que Deus me ajude a fazê-lo melhor no futuro. Não é meu trabalho fazer algo acontecer; tudo que me é pedido é que eu esteja aberto para Deus com atenção.

Como qualquer prática espiritual, o exame pode ser exigente. Embora não precise levar mais que dez minutos e possa ser significativamente feito em até menos, para o iniciante esses minutos podem facilmente representar uma luta constante com a concentração. Se isso ocorrer, em vez de se esforçar mais para focar a atenção, apenas faça com que cada período de pensamentos errantes seja seguido por uma repetição gentil de sua intenção de refletir sobre onde Deus esteve com você durante o dia. Peça a Deus que controle os pensamentos sobre o dia que lhe vêm à mente. E então confie que o que vier à sua mente é o que você deve examinar com atenção para perceber onde Deus estava nessa experiência.

---

3 BABCOCK, MALTBIE, This Is My Father's World, 1901.

Não há necessidade de esperar o fim do dia para fazer o exame. Na verdade, um momento ideal para isso é agora mesmo. Termine este parágrafo e, em seguida, deixe o livro de lado, dando alguns minutos para permitir que o Espírito conduza você por um exercício de percepção de Deus neste dia. Onde Deus esteve presente para você nele? Agradeça a Deus por esses dons e ore para poder estar ainda mais atento e alinhado com a presença de Deus à medida que este dia prossegue.

Prestar atenção

Aprender a prestar atenção na presença e condução de Deus no fluxo de nossos dias é a base de uma vida de oração, ou, como veremos no capítulo oito, uma vida *como* oração. Nossa vida espiritual será tão profunda quanto nossa capacidade de prestar atenção. E nossa capacidade de prestar atenção em Deus será equivalente a nossa capacidade e prática de prestar atenção naquilo que está dentro e além de nosso eu no momento presente.

Pense no que significa prestar atenção e desconfio que você, como eu, será levado de volta aos tempos em que, quando criança, pais ou professores lhe diziam para prestar atenção. O problema quando crianças aparentemente não estão prestando atenção, entretanto, não é que elas estejam desatentas, mas que estão prestando atenção em outra coisa que não naquilo que os adultos desejam. Quando eu era criança, e isso acontecia comigo, geralmente estava envolvido em algum mundo interior de imaginação ou preocupação. O que na maioria das vezes me pediam para fazer era me concentrar em algo que outra pessoa considerava importante, quase sempre uma tarefa ou uma instrução. No entanto, o tipo de atenção que é essencial para nos abrirmos para Deus é bem diferente dessa concentração forçada de nossos pensamentos e restrição de nossa imaginação. Em muitos aspectos, é exatamente o oposto. Prestar atenção orante não é pressionar nossa força de vontade e espremer nosso foco, mas simplesmente nos abrirmos para o que encontrarmos. Isso se torna muito mais um ato de liberação do que de esforço. Liberamos qualquer tentativa de controlar a atenção e, em vez disso, permitimos que ela seja absorvida por nossa experiência presente.

Essa percepção está no cerne da sabedoria espiritual profunda encontrada no ensino e na vida de Simone Weil. Ninguém me ensinou mais sobre o que significa prestar atenção como uma forma de estar aberto para Deus. Judia francesa nascida em 1909, Simone Weil teve formação em filosofia, mas depois passou a maior parte de sua curta vida adulta trabalhando em uma fábrica de automóveis, em vinhedos franceses, servindo no Exército Republicano Espanhol, na frente catalã, e trabalhando com a Resistência francesa durante a ocupação nazista da França — tudo isso enquanto escrevia alguns dos livros mais brilhantes e profundamente espirituais que surgiram no século XX.

Olhando para sua vida de longe, vemos apenas uma mulher cujo compromisso radical com a verdade e a justiça, e sua insistência em viver em solidariedade com os aflitos, a levaram à morte prematura aos 34 anos. Dessa distância, temos apenas vislumbres de sua paixão e do que pode ser pensado como sua política, mas não conseguimos compreender sua vida e a profundidade de sua espiritualidade. Olhando mais de perto, no entanto, vemos o princípio mais central de sua vida: a prioridade de prestar atenção. Foi seu compromisso da vida inteira com a prática constante da atenção que esteve por trás de tudo que ela fez e foi. Esse também foi o núcleo de sua espiritualidade e, ela afirmava, o núcleo do que significa viver uma vida de oração.

Ela descreveu essa atenção como desapegar-se de seus pensamentos e deixar sua consciência vazia e pronta para ser penetrada pelo que quer que encontrasse. A atenção, ela afirmou, é a melhor preparação para a oração, e a atenção absolutamente pura é oração[4]. É um estado de receptividade ativa que nos abre para o sagrado. A atenção, para Weil, não é o processo mental ativo de concentração que está envolvi-

---

4 WEIL, SIMONE, *Gravity and Grace*, trad. Emma Craufurd, New York, Routledge & Kegan Paul, 1987, 106. (Ed. bras.: *O peso e a graça*, trad. Leda Cartum, Belo Horizonte, Chão de Feira, 2020.)

do no que normalmente chamamos de "prestar atenção". Em vez disso, é suspender nossos pensamentos e permitir que a percepção se desenvolva. É, portanto, mais uma abertura em oração do que pensamento. Na verdade, ela argumenta, "a atenção, levada ao seu grau mais alto, é a mesma coisa que oração. Pressupõe fé e amor. Atenção absolutamente pura é oração"[5].

Prestar atenção é estar aberto e alerta, pronto para ser tomado pelo que quer que esteja presente para nós no momento presente. É por isso que esse é um fundamento da oração. A atenção é oração porque a atenção dada a qualquer coisa é uma porta para o eu transcendente. Ela nos leva além de nossas preocupações pessoais e nos abre para o que está além de nós mesmos. Por mais insignificante que o objeto possa parecer, estar verdadeiramente consciente de qualquer coisa tem um potencial enorme de ajudar nosso despertar espiritual. A atenção orante não é, portanto, redutível a pensar em Deus[6]. Ela é oração quando é oferecida com fé e abertura para o Deus a quem tudo que existe está unido. Deus interpenetra cada parte da criação, e nada existe na criação que seja independente de Deus. Prestar atenção em qualquer coisa, portanto, tem o potencial de nos abrir para esse Deus que está presente em toda a vida. Adaptando uma expressão de Abraham Kuyper, não há um centímetro quadrado de realidade em que Deus não esteja presente[7]. Prestar atenção a essa presença é oração.

---

[5] WEIL, SIMONE, *Simone Weil. An Anthology*, org. e trad. Siân Miles, New York, Grove, 1986, 212.

[6] Adiante terei mais a dizer sobre o papel importante do pensamento na oração, quando veremos que, para algumas pessoas, pensar em Deus é sua expressão primária de oração e que, para todos nós, o pensamento é uma dimensão importante de nosso ser que precisa ser sintonizada com o divino para que nossa vida se torne oração.

[7] Essa citação memorável é do discurso inaugural de Abraham Kuyper na dedicação da Universidade Livre de Amsterdã: "Não há um centímetro quadrado em todo o domínio de nossa existência humana sobre o qual Cristo, que é Soberano de tudo, não declare: 'Meu!'" (KUYPER, ABRAHAM, Sphere Sovereignty, in: BRATT, JAMES D., *Abraham Kuyper. A Centennial Reader*, Grand Rapids, Eerdmans, 1988, 488).

Prestar atenção também exige que estejamos presentes para nós mesmos no momento presente. Não podemos prestar atenção em algo que esteja no passado ou que possa estar no futuro. Podemos lembrar de coisas do passado ou prever as do futuro, mas não podemos estar presentes para elas. Só podemos estar presentes para o que está realmente presente. Em consequência, prestar atenção é sempre um engajamento com o agora. Isso se torna oração quando inclui abertura e presença para o Deus que está presente para nós agora[8]. Onde mais o Agora Eterno nos encontraria senão no momento presente?

Oração sensorial

Nossos sentidos nos oferecem uma grande ajuda para estarmos presentes e abertos para Deus no momento presente. Pare e reserve um minuto para perceber o que você sente neste instante; não o que pensa ou lembra, mas o que vê, cheira, ouve, prova ou sente em sua pele. Fazer isso o puxa imediatamente para o momento presente, que é onde os sentidos operam. É por isso que os sentidos têm um papel tão importante na espiritualidade. Eles nos reconectam com nosso corpo e nos ancoram no agora.

Mencionei anteriormente que acender uma vela pode ser uma oração. Isso acontece porque ela atrai nossa atenção para o Deus que é, ao mesmo tempo, totalmente Outro e Emanuel, transcendente e imanente, absolutamente além de nós em todos os aspectos do ser, mas espantosamente presente quando nos voltamos com fé e confiança ao momento presente. A chama, o crepitar do isqueiro elétrico ou o cheiro de enxofre do fósforo, a ligeira baforada de fumaça nos chamam para o momento presente e nos convidam a fazer uma pausa diante desse dom de presença. Não nos voltamos para a vela, embora ela pos-

---

[8] Ver ROHR, RICHARD, *The Naked Now. Learning to See as the Mystics See*, New York, Crossroad, 2009, para uma excelente discussão da presença para si mesmo e para Deus, que está associada a viver abertamente no presente.

sa estar em nosso olhar. Voltamo-nos para Deus. E esse voltar-se com abertura e confiança é oração.

Alguns cristãos desconfiam ou menosprezam o papel dos sentidos na espiritualidade, considerando-os inferiores à razão e à cognição. Essa noção deixa de apreciar a parte indispensável da pessoalidade humana que os sentidos de fato formam. Cai no erro gnóstico de negar a corporificação humana. Como os cristãos afirmam a bondade do corpo físico e acreditam na fisicalidade da encarnação, devemos também afirmar a importância de encontrar Deus por meio dos sentidos. Deus nos deu sentidos para enriquecer nossa vida. Eles são canais que podem ser espiritualmente sintonizados para registrar os traços do divino que saturam o mundo. Nossos sentidos também podem ser uma maneira de nos chamar para a atenção à oração, convidando-nos a fazer uma pausa e a nos voltar para Deus.

Pense em caminhar por um jardim na primavera, repleto do perfume das flores, ou sentar-se à beira de um riacho, ouvindo o borbulhar da água e sentindo a brisa suave de uma tarde de verão. Deixar-se envolver por essas sensações pode ser uma oração, quando leva a um espírito que se eleva e está aberto para Deus. Ou, se você já participou de uma missa solene, lembre-se da sensação da presença inefável do Espírito de Deus que está associada ao incenso ondulante ou ao toque da sineta no altar. A oração cristã convida à abertura de todo o eu para Deus, e qualquer coisa que envolva essa abertura é oração.

Mas há muitos outros eventos em nossos dias que podem servir como um chamado para uma presença atenta a Deus. Assim como os cristãos em gerações passadas costumavam parar para um momento de quietude orante, quando ouviam os sinos da igreja tocarem as horas do dia, podemos identificar outros sinais sensoriais e usá-los de maneira similar como um chamado à oração. Pode ser que sinos da igreja toquem ao longo de nosso dia e simplesmente não os estejamos escutando. Nesse caso, podemos nos juntar às gerações de cristãos que usaram esse lembrete para uma oração atenta. Mas também poderia ser a visão de uma criança, o som de pássaros cantando, o cheiro de flores ou de grama recém-cortada, ou uma sensação de calor agradável. Qualquer uma dessas coisas, e muitas mais, pode servir como um chamado para fazer uma pausa e, mesmo que apenas por um momento, voltar nosso coração para Deus. Mesmo com só um pouco de atenção, descobriremos que nossa vida está repleta de coisas que podem servir como esse tipo de chamada à oração, se realmente procurarmos estar abertos para o Deus que está presente para nós no meio de nossa vida cotidiana.

Sou navegador e, assim, obviamente, adoro o vento. Moro em um lugar que tem, na maioria dos dias, uma brisa constante de dez a quinze nós soprando do oceano. Quase todas as vezes que sinto esse vento, meus pensamentos se voltam rápida e automaticamente para Deus. Respiro fundo, meu espírito se eleva, às vezes estremeço e fecho o zíper da jaqueta, mas quase sempre meu espírito se volta para o Espírito. Isso não aconteceu automaticamente. Foi auxiliado por uma reflexão sobre por que meu espírito se elevava em resposta ao vento e sobre o significado espiritual do vento e da respiração. Deus abençoou essas reflexões associando a sensação do vento a pensamentos do Espírito. Isso, para mim, funciona de maneira semelhante à associação de oração e sinos de igreja que existia para os cristãos medievais.

Nossos sentidos são uma chamada à atenção e à presença no momento. São recursos espirituais extremamente ricos para uma vida em sintonia com Deus. Permita que eles façam você voltar sua atenção para Deus.

Percepção espiritual

A atenção a Deus é uma dádiva, não uma conquista. Deus nos dá tudo o que ele pede de nós. Isso começa com a fé e inclui o despertar e a atenção. Prestar atenção é, portanto, uma resposta à graça. É o dom de ver com os olhos de Deus, ouvir com os ouvidos de Deus. É um dom do Espírito de Deus curando nossa percepção e nos dando um pouco da acuidade perceptiva de Deus.

Lembro-me de ouvir uma entrevista na BBC com Madre Teresa, não muito antes de sua morte. Quando o entrevistador perguntou como ela conseguia persistir dia após dia servindo os mais humildes dos humildes nas ruas de Calcutá, sua resposta foi que era fácil quando ela via Jesus ao olhar para cada rosto[9]. Só podemos ver verdadeiramente as coisas de Deus pelos olhos da fé, e os olhos da fé são os olhos de Deus, o dom de Deus para nós de novas possibilidades de perceber a realidade.

Isso nos leva de volta à oração como o que Deus faz em nós. Ela é, como estamos vendo, muito mais do que o que fazemos, até mesmo do que fazemos quando oramos. Também é parte do que está envolvido em absorver a mente de Cristo. Com frequência, isso é interpretado em termos excessivamente mentais, reduzido a algum tipo de realinhamento cognitivo de nossas crenças com a ortodoxia. Mas a mente de Cristo envolve algo muito mais profundo do que crenças. Começa com a percepção moldada pelo Espírito. Isso é o que nos permite ver com os olhos de Deus e ouvir com os ouvidos de Deus. É o que nos permite encontrar verdadeiramente a realidade que nossa percepção seletiva e limitada normalmente exclui e distorce. É o que nos permite encontrar verdadeiramente Deus em todas as coisas.

A percepção nos prepara para a resposta. Quando encontramos vida por meio da percepção moldada pelo Espírito, estamos preparados para responder como Deus responderia. Ver Jesus em cada rosto que se apresentava a ela tornou a vida de Madre Teresa muito simples. Ela simplesmente dava a cada um como daria a Jesus. Similarmen-

---

[9] A publicação póstuma de sessenta e seis anos de correspondência de Madre Teresa com seus confessores e superiores espirituais (*Mother Teresa. Come Be My Light — The Private Writings of the Saint of Calcutta*, New York, Doubleday, 2007) oferece uma perspectiva complementar e não, como às vezes é afirmado, contraditória da vida dessa mulher notável. Nessa correspondência, ela revela que, apesar de um período entre 1946 e 1947 em que experimentou uma profunda sensação de união com Deus, logo depois que começou seu trabalho com os desfavorecidos e moribundos em Calcutá e por quase meio século até sua morte ela não sentiu presença nenhuma de Deus. Longe de ser uma santa inebriada por Deus, que passou seus dias em união mística extática, ela aprendeu a lidar com sua longa noite escura da alma convertendo seus sentimentos de abandono por Deus em uma vida de fé de abandono para Deus.

te, ver a injustiça que poderíamos, de outra forma, escolher ignorar nos impele a responder como Jesus respondeu à injustiça. A percepção moldada pelo Espírito nos oferece, em graça, a mente de Cristo. Permite que o Cristo em nós oriente nossa resposta.

Escrevo estas palavras no dia das eleições na Colúmbia Britânica. As questões dominantes nesta eleição foram a economia e o meio ambiente. Mas acabo de voltar de uma caminhada pelo centro de Victoria. Hoje, como na maioria dos dias, fui abordado por cerca de meia dúzia de mendigos. Também vi vários sem-teto dormindo em becos e um embaixo de uma ponte. Eles desafiam minha inclinação a votar em termos de meus próprios interesses. Eles me exortam a dar às questões de justiça social uma prioridade muito maior, quando eu reflito sobre em quem votar. Eles também me exortam a me alinhar com a ação de Deus no mundo e participar do estabelecimento do Reino de Deus na terra. Esse é o modo como a mente de Cristo funciona. Ela molda nossas percepções e direciona nossas ações. Ela estava no centro da vida de Cristo e está no centro da vida de todos os seguidores de Cristo que procuram fazer de sua vida uma oração.

Ver a vida com olhos espirituais também envolve ver o mundo com olhos da admiração, não apenas com os olhos da razão e da análise. Isso significa que envolve a renovação da capacidade de perceber e ser tocado pela beleza. Como John O'Donohue afirma em *Divine Beauty*, "Quando despertamos para a beleza, tomamos consciência de novas maneiras de ser no mundo"[10]. Isso também é oração, e parte de como absorver a mente de Cristo nos leva a lugares de cura profunda e nos prepara para um compromisso vital com a vida e o mundo.

Cultivar a atenção orante

Mas agora é hora de tornar tudo isso muito mais prático. Vou oferecer quatro maneiras concretas de cultivar a atenção orante. Embora, como eu disse, essa

---

10 O'DONOHUE, JOHN, *Divine Beauty. The Invisible Embrace*, New York, Bantam, 2003, 7.

atenção seja uma dádiva, não uma conquista, ela só pode ser recebida com intencionalidade. Um presente precisa ser aberto para que seja realmente recebido, e há várias coisas importantes que você pode fazer se deseja receber a dádiva desse tipo de atenção orante e permitir que ela se torne parte de sua vida.

1. Reserve um tempo a cada dia para pausas em quietude, usando esses momentos para a oração atenta. Pense na possibilidade de usar algum evento periódico que ocorra na maioria dos dias; por exemplo, cada vez que você olha para o relógio, passa por uma porta ou recebe um *e-mail* ou outra forma de mensagem eletrônica, como ocasião para uma breve oração a Deus, em que você expresse sua intenção de estar aberto confiantemente a ele. Você pode achar útil repetir silenciosamente uma expressão curta nesse momento, algo como "aberto e atento" ou "olhos para ver" ou "meu Senhor e meu Deus", a qual possa se tornar um mantra pessoal. A ideia é simplesmente usar os eventos habituais da vida como um chamado para a oração, mais ou menos como os sinos de igrejas costumavam chamar os cristãos ou como, do minarete da mesquita, o muezim ainda hoje chama os muçulmanos. Nesse momento, simplesmente se volte para Deus com confiança, abertura e atenção.

Outra maneira de fazer isso é começar cada ocasião de oração com palavras ou cada ocasião de qualquer outra prática espiritual com alguns momentos de quietude diante de Deus. Use esse tempo para simplesmente se concentrar em quietude diante de Deus. Sua oração já começa se você oferecer esses momentos como dons de presença sem palavras para Aquele que está presente para você. Não reduza seu silêncio a um recipiente à espera de ser preenchido. Ofereça-o como uma expressão de sua intenção de abrir espaço para Deus — espaço para estar verdadeiramente aberto para a presença e comunicação de Deus. Lembre-se de que a comunhão orante é iniciativa e obra de Deus. E não se esqueça de que Deus já iniciou a conversa!

2. Fique atento aos vestígios do divino na vida cotidiana. Nada tem mais capacidade de fazer com que toda a vida seja oração do que olhos espirituais, que nos permitem conhecer a presença e ação de Deus em nós e no mundo. O conhecimento profundo dessa realidade transforma nossa consciência, substituindo o ruído de fundo habitual associado à cadeia infinita de pensamentos, lembranças e associações por um conhecimento silencioso e constante de nosso estar em Deus e de nossa participação na vida de Deus. Também muda nossa identidade à medida que passamos a verdadeiramente saber, não apenas acreditar, que nosso ser mais profundo e verdadeiro está oculto em Cristo. E atende à nossa necessidade mais fundamental de pertencimento e de saber que nossa vida tem propósito e significado.

Crie o hábito regular de rememorar sua vida em atitude de oração. Se você nunca fez isso, comece olhando para o dia que passou. Ou, se você tiver mais tempo, observe onde Deus esteve presente em sua vida nos últimos meses, no último ano ou mesmo em sua vida como um todo. Um bom amigo meu passou recentemente o ano anterior a seu sexagésimo aniversário fazendo de cada um dos períodos sucessivos de cinco anos de sua vida um tema para reflexão durante um mês. Durante todo esse mês, ele pedia a Deus para guiar sua atenção orante para como Deus esteve presente com ele ao longo daquele período de cinco anos e, então, fazia anotações em um diário, permitindo que isso formasse novos entendimentos de si mesmo e da nova consciência mais profunda que emergia da presença de Deus em sua vida. O processo o mudou profundamente. Isso é o que a oração faz.

3. Fique atento principalmente a vestígios de Deus em outras pessoas. Como os humanos são a parte da criação que reflete mais diretamente a imagem e semelhança divinas, deve ser neles que mais prontamente percebemos os traços de Deus. Cultive o hábito espiritual de olhar com olhos cheios do Espírito para aqueles que encontra e procurar por Jesus. Lembre-se de que ele disse que está ali, particularmente nos mais sofridos e em quem menos se suspeitaria de estar trazendo o Cristo em seu ser. Procurar a presença de Deus nos outros mudará a maneira como você se relaciona com eles, quando começar a se ver cercado por portadores da presença de nosso Senhor no mundo.

4. Pense em fazer um retiro espiritual periódico como forma de nutrir a oração atenta. Retiros espirituais são momentos reservados para ressintonizar nossa percepção em quietude e solidão orantes. O salmista nos diz para parar e reconhecer "que eu sou Deus" (Sl 46,11). A quietude é sua própria forma de percepção. Permite-nos saber coisas que jamais podem ser conhecidas em outras circunstâncias. Permite-nos conhecer a base do nosso ser — o Eu Sou. Nem tudo que é chamado de "retiro espiritual" é destinado a ajudar nesse conhecimento. Alguns retiros são cheios de conversas, aulas, planejamento e uma variedade de outras atividades que deixam pouco ou nenhum espaço para solidão ou quietude. Essas atividades podem, claro, ter um papel importante a desempenhar em nossa vida espiritual, mas são distrações em um retiro espiritual destinado a nutrir a oração atenta. Essa oração requer um certo grau de quietude interior, e o tipo de retiro que apoia melhor seu desenvolvimento é aquele baseado em solidão e silêncio.

Retiros são moldados mais pela intenção de nosso coração do que por sua localização ou duração. Não precisamos seguir Jesus pelo deserto durante quarenta dias. Nossas circunstâncias podem permitir apenas uma tarde ou um fim de semana, e o lugar para onde vamos não é crucial, desde que nos dê oportunidade de algum grau de quietude e solidão. Trabalhe com o que você tem disponível. Mas não negligencie a possibilidade de fazer seu retiro em um mosteiro, convento ou algum centro de retiro formal. Nesses locais, você geralmente tem a vantagem adicional de ser apoiado pelas orações da comunidade em que se insere, enquanto eles esperam com você na expectativa de seu encontro com Deus.

Jesus disse: "Quando rezares, entra em teu quarto, fecha a porta, e reza a teu Pai que está presente até em lugar oculto" (Mt 6,6). O quarto para o qual Jesus nos convida não é um lugar físico. É um estado interior. É por isso que Jesus disse que Deus está presente nesse lugar oculto em que entramos quando fechamos a porta para as distrações externas e procuramos nos abrir para Deus em oração. É nesse lugar oculto que estamos escondidos na presença de Deus. É nesse lugar oculto que podemos receber e aprender de maneira única a desembrulhar o presente da atenção orante.

Retiros não são simplesmente momentos para encontrar a Deus, mas também para encontrar o caminho de volta para os próprios lugares íntimos de oração. E não se esqueça: a melhor coisa sobre esses lugares privados de encontro divino é que eles são totalmente transportáveis. Onde quer que você esteja, e praticamente o que quer que esteja fazendo, terá oportunidades para breves momentos de retiro, breves momentos em que você pode voltar sua atenção e abrir seu coração para Deus. Esse é o centro do retiro espiritual cristão e é a razão pela qual os retiros têm tanto potencial para o despertar da oração como atenção.

4. Oração como atenção

5

Oração como ponderação

Se você está acostumado a pensar na oração como uma conversa com Deus, pode ter se surpreendido ao ver o papel limitado do pensamento e das palavras na oração atenta. Como nos preocupamos tão facilmente com nossos pensamentos, a atenção espiritual requer que aprendamos a nos desapegar deles a fim de apreender o que nunca pode ser reduzido ao pensamento. Mas isso não significa que o pensamento não tenha um papel importante na oração. Dois dos quatro caminhos de oração que estamos examinando atribuem um papel proeminente aos pensamentos e às palavras: a oração como ponderação, que abordaremos neste capítulo, e a oração como resposta, à qual nos voltaremos no próximo.

A cognição é uma parte importante demais do que significa ser humano para não ter um lugar na oração. Anselmo, o arcebispo de Cantuária do século XI, afirmou que a nossa capacidade de pensamento e linguagem é o principal modo pelo qual os humanos demonstram semelhança com Deus (a *imago Dei*). Ambos, portanto, devem ser parte do que trazemos para qualquer encontro com Deus que envolva a abertura de todo o nosso ser.

Oração de ponderação

O verbo *ponderar* vem do substantivo latino *pondus*, que significa "peso" e que, quando transformado em um verbo, sugere a atividade mental de pesar ou refletir sobre algo. É claramente uma forma de pensamento, mas é pensamento reflexivo, não analítico. Quando ponderamos sobre algo, nós o retemos de leve e lhe damos espaço. Nós o viramos e examinamos por vários ângulos. Ruminamos sobre isso, ou seja, pensamos nisso repetidamente, lenta e despreocupadamente; a eficiência de nosso processo de pensamento não sendo tão importante quanto a consideração cuidadosa de todos os aspectos da questão.

Ponderar torna-se oração quando a reflexão surge em uma mente que está aberta para Deus. Considere a seguinte oração de Davi, registrada no antigo Saltério hebraico como Salmo 14.

> No seu coração o insano
> declara: "Deus não existe!"
> e se corrompe e age mal;
> já não há quem faça o bem!
> Do céu o Senhor se inclina
> aos filhos dos homens sonda:
> quer ver se há quem reflita,
> um só que procure a Deus!
>
> Mas degeneram-se todos,
> corromperam-se uns aos outros:
> já não há quem faça o bem,
> não se encontra ao menos um!
>
> Será que os maus não percebem
> que estão a engolir meu povo?
> Mastigam-no como pão;
> jamais ao Senhor invocam.
>
> Porém, tremerão de medo,
> pois Deus pune pelos justos.
> Acaso rireis do pobre?
> Em Deus achará refúgio!
>
> Que de Sião venha logo a salvação de Israel!
> E, quando o Senhor trouxer seu povo de novo à pátria,
> Jacó se encherá de júbilo, exultará Israel.

Isso é o que eu chamaria de "oração de ponderação". Davi está refletindo sobre questões que o preocupam. Essa não é uma análise imparcial de circunstâncias ou acontecimentos. É uma reflexão da alma sobre assuntos que o incomodam profundamente. Ele está perturbado com perguntas que não têm resposta fácil; perguntas, na verdade, que não têm resposta alguma. Essas perguntas precisam ser vividas, não simplesmente encerradas com algum tipo de resposta conceitual concisa. Elas exigem ponderação; ser mantidas em um espaço reflexivo. E, portanto, é isso que Davi faz. O que as torna oração é que ele compartilha essas ruminações com Deus.

Oração de ponderação é conversar com Deus sobre nossos pensamentos, nossas divagações e nossas reflexões sobre experiências ou desafios da vida. Na oração registrada no Salmo 14, Davi começa comentando o que observa ao seu redor. Ele sente que está cercado de insanos e tem dificuldade para entender como Deus os tolera. Vê ignorância e injustiça, e isso o perturba. Mas, por ele entender a oração como comunhão com Deus, não tenta resolver essas questões sozinho. Ele também não exige respostas de Deus. Contenta-se em simplesmente compartilhar suas ponderações e oferecê-las como sua oração.

Na oração de ponderação também podemos apresentar nossas perguntas, dúvidas e preocupações para Deus. Não o fazemos como um aluno perguntando a um professor, mas sim como se falássemos com um amigo com quem se conversou muitas vezes sobre o assunto. Bons amigos sabem que não é o caso de tentar responder a ponderações apresentadas em forma de perguntas. Eles sabem que você está simplesmente pedindo que ouçam e entendam suas preocupações de modo amigável.

O Salmo 15 é outra oração de ponderação. Ele começa: "Quem irá se hospedar na tua tenda e habitará, Senhor, teu monte santo?". O orante responde, então, à sua própria pergunta, descrevendo aquele cujo modo de vida é irrepreensível. O Salmo 19 começa com o salmista refletindo sobre a magnificência da criação, enquanto o Salmo 49 é uma meditação sobre a futilidade das riquezas e o Salmo 90, uma reflexão sobre a condição humana. Mas o que faz com que isso sejam orações? E o que as torna exemplos de oração suficientemente merecedores de ser incluídos nas Escrituras? A resposta é o simples fato de que demonstram com tanta clareza a importância de fazermos nossa reflexão sobre a experiência com a consciência de que estamos na presença de Deus. A oração de ponderação é oferecer essa reflexão como parte de nós mesmos, quando abrimos nossa mente e coração para Deus.

Oferecemos uma oração de ponderação sempre que ouvimos refletidamente um sermão, uma conversa ou uma palestra. Se nossa mente estiver aberta para Deus — mais uma vez lembrando que isso é parte do que significa absorver a mente de Cristo —, essa reflexão é oração. Claro que isso também pode incluir envolvimento reflexivo com um livro. Este momento presente em que você lê esta página pode ser uma oração, se envolver abertura confiante diante de Deus. Nesse caso, sua leitura é uma oportunidade de encontrar a Deus. Esse envolvimento reflexivo não é limitado a livros devocionais. Pense em como um bom romance pode mergulhar você em experiências e perspectivas que com frequência o deixarão ponderando, consciente e inconscientemente, até muito depois de ter largado o livro. Faça disso uma oração, oferecendo essas ponderações a Deus. Ou pense em como uma obra de não ficção pode envolvê-lo com questões importantes do mundo. Compartilhar essas ponderações com Deus, com ou sem palavras, é oração.

Estudar ou meditar sobre as Escrituras também pode ser oração. Isso é com frequência descrito como meditação discursiva para distingui-la da meditação contemplativa. A meditação discursiva é uma abordagem de meditação orientada para o pensamento. Quando meditamos dessa maneira, pensamos sobre a passagem, examinando-a por muitos ângulos. Podemos primeiro tentar entender quem a escreveu e por quê. Também podemos tentar entender quem era o público pretendido e qual era o propósito de ela ter sido escrita. Mais uma vez, esse tipo de estudo não é automaticamente oração, porque podemos estudar as Escrituras sem abertura do espírito. Mas, quando a meditação e a reflexão são conduzidas com abertura para Deus, isso também é oração.

Meditar ou recitar os credos também pode ser uma expressão rica de oração de ponderação. Você talvez já participe de uma igreja que cante ou recite um dos credos a cada culto. Mas, se o uso público dos credos não for parte da prática de sua comunidade espiritual, considere torná-lo uma prática pessoal. Pegue um dos credos principais, como o Credo dos Apóstolos, o Credo Niceno ou o Credo de Atanásio, e torne-o um foco para meditação. Ou pegue o pai-nosso e use-o da mesma maneira. Orações de um livro de orações também podem ser usadas para esse tipo de reflexão. Pondere sobre as palavras, pesquise e reflita sobre seu significado, e compartilhe suas ruminações com Deus.

Alguns anos atrás, eu me vi refletindo sobre o pai-nosso e, ao começar a descobrir suas profundidades e riquezas, decidi fazer dele um foco de meditação. Não demorei a perceber quanta dificuldade eu tinha para me apropriar dele. Embora o recitasse todos os domingos como parte da liturgia, não estava de fato fazendo dele minha oração. Quando o fiz, notei que muitas vezes eu hesitava em pedir que a vontade de Deus fosse feita, ao constatar que não estava preparado para abraçar a vontade de Deus em meu próprio cantinho da terra: minha própria vida. Porém, mais ainda, percebi como estava relutante em pedir que fosse perdoado por Deus assim como eu perdoava aos outros. Senti Deus me convidando a me concentrar nessa oração até que o pai-nosso se tornasse minha oração, e a fazer dela minha principal forma de oração verbal até que isso acontecesse. Pedi que, por meio dela, Jesus me conduzisse àquele que ele, rezando comigo, chamava de "Pai nosso". E, enquanto eu meditava sobre essa oração e oferecia essas meditações como oração, isso começou a acontecer. Ao longo de um período de ponderação orante, Jesus me conduziu a um conhecimento mais profundo de nosso Pai e, no processo, sua oração tornou-se minha.

Dedique um momento para a oração de ponderação agora mesmo. Pense em minha sugestão de que oferecer suas ponderações a Deus pode ser uma oração. Reflita sobre as possibilidades que essa forma de oração pode oferecer a você e compartilhe seus pensamentos com Deus. Compartilhe também qualquer pergunta que você possa ter a respeito e qualquer desejo ou movimento em seu coração que tenha notado ao ler estas páginas. E, depois que tiver feito isso, volte ao livro e continue a partir deste ponto.

Manter um diário e reflexão teológica

Ponderação requer espaço não tanto espaço físico externo, mas espaço psicológico e espiritual interior. Requer liberdade de distrações. E, por ser uma forma de pensamento ineficiente que não pode ser apressada, também requer tempo.

Manter um diário pode ser uma maneira maravilhosa de criar o tipo de espaço para reflexão sobre as experiências da vida, que está envolvido na oração de ponderação. Claro que você pode fazer um diário por muitas razões diferentes. Mas, quando é usado como um instrumento para a oração, o foco é principalmente o processo, não o conteúdo. Um relato exaustivo e preciso de tudo que você experimentou não é a questão. O que conta é uma reflexão orante sobre a experiência. Tudo que você escrever é simplesmente para dar apoio a esse objetivo.

Uma maneira de pensar sobre o que você escreve nesse tipo de diário é vê-lo como uma conversa com Deus. Conheço muitas pessoas que escrevem suas reflexões como cartas para Deus e consideram isso uma forma de oração imensamente significativa. Eu mesmo fiz isso. Mas essa não é a única maneira de fazer do diário uma experiência de oração, porque ponderar na oração é mais do que uma conversa. Não reduza esse diário a comunicar informações ou pedidos para Deus. Ele é mais bem entendido como um espaço para conter suas ruminações sobre sua experiência e compartilhar essas reflexões com Deus. Começa com a disposição para examinar mais de perto a experiência cotidiana. Às vezes isso exige coragem, porque essas experiências podem envolver coisas que preferiríamos evitar. A reflexão sobre qualquer experiência envolve um grau de reexperiência. E, se as emoções que estiverem envolvidas na experiência original tiverem sido negativas, é natural que tendamos a minimizar a reexposição a elas.

Mas reflexão envolve mais do que revisão. Ela cria espaço para reinterpretação do significado da experiência. Os humanos são criaturas criadoras de significado. Assim que experimentamos algo, automaticamente começamos a trabalhar para entrelaçar essa experiência na narrativa que estamos escrevendo como nossa história. Em outras palavras, nós lhe atribuímos um significado. Por exemplo, se eu sentir que um amigo, de repente, está demorando mais do que de hábito para retornar minhas ligações ou para responder aos meus *e-mails*, inevitavelmente atribuirei algum significado a isso. Posso pressupor que meu amigo está ocupado e não pensar mais no assunto. Ou posso levar para o lado pessoal e me perguntar se o ofendi. Ou posso reagir com irritação e pressupor que ele não valoriza mais minha amizade. E, claro, há muitas outras maneiras de eu interpretar isso. Mas não conseguimos deixar de interpretar a experiência.

A reflexão orante sobre a experiência nos oferece uma oportunidade de revisar a interpretação da experiência à luz de nossa relação com Deus e com nossa comunidade e tradição cristãs. Poderíamos falar disso como um exercício de reflexão teológica. Não é algo que seja adequado apenas para aqueles com formação teológica, embora certamente haja uma curva de aprendizagem envolvida em aprender a orar dessa ou de qualquer outra maneira. Mas reflexão teológica não é pensar sobre teologia. É o ato orante de buscar significado na experiência que se apoia na rica herança das Escrituras e da tradição cristãs, como uma estrutura interpretativa primária. Existem sistemas bastante sofisticados para fazer isso, mas, em sua forma mais simples, o processo não precisa ser complicado nem excessivamente elaborado[1]. É simplesmente examinar nossa experiência pelas lentes de nossa fé. Descrito desta maneira, você verá imediatamente semelhança com

---

[1] Ver, por exemplo, GRAHAM, ELAINE, *Theological Reflections. Methods*, vol. 1, London, SCM Press, 2005; KINAST, ROBERT L., *What Are They Saying About Theological Reflection?*, New York, Paulist, 2000; ou *Making Faith-Sense. Theological Reflection in Everyday Life*, Collegeville, Minn., Liturgical Press, 1999.

o exame descrito no capítulo quatro. No entanto, embora o exame seja principalmente uma oração de atenção, o tipo de reflexão teológica que estou descrevendo é uma oração de ponderação, no sentido de que dá muito mais espaço para o pensamento reflexivo.

Para ilustrar isso, vou retornar à minha experiência de sentir que um amigo estava me ignorando. Para começar, eu precisaria revisar a experiência e me concentrar nos sentimentos e sensações que estão agora associados a ela. Digamos que eu me sinta magoado e com raiva. Em seguida, eu notaria o significado que atribuo a isso. Desse modo eu poderia descobrir que me sinto traído; posso estar interpretando a demora na resposta como uma desfeita pessoal. Agora estou pronto para situar isso em um contexto de fé mais amplo. Eu poderia, por exemplo, refletir sobre como Cristo respondeu àqueles que o traíram. Isso tem algumas implicações imediatamente óbvias! Também poderia pensar no ensinamento de Cristo sobre dar a outra face — o que implica, em parte, não ficar excessivamente preso nas coisas insignificantes que achamos que as pessoas podem tirar de nós por desfeitas intencionais ou não intencionais. Poderia ainda me lembrar do ensinamento de Jesus sobre perdão e, embora não tenha certeza se foi feito algo que realmente justifique perdão, talvez eu perceba que meu coração começa a amolecer. Nada disso é teologia especializada. Mas esse não é o objetivo. O objetivo é simplesmente conectar minha experiência à minha fé e à minha tradição de fé e permitir que ela molde a interpretação que eu lhe dou e a maneira de eu responder a ela.

Não se perca nos detalhes de nada disso. O propósito de abrir espaço para reflexão é conectar nossa ponderação à nossa fé e fazê-lo com abertura para Deus. Quando fazemos isso, é oração, independentemente do modo específico como o fazemos.

Oração e solução de problemas

Tenho um bom amigo que, embora seja cristão, é crítico em relação à espiritualidade de qualquer tipo, porque a considera muito anti-intelectual. Ele sente que os problemas mais importantes que os humanos enfrentam, como pobreza e escassez de recursos, guerra e terrorismo, destruição de hábitats naturais e mudança climática, acúmulo de lixo tóxico e segurança nuclear, exigem análise criteriosa e bom senso. Pela sua perspectiva, a espiritualidade tende a atrair pessoas pouco sagazes e de coração mole. Com muita frequência, argumenta, ela não encoraja o pensamento criterioso e faz disso uma parte da prática espiritual. Para que a oração apoie uma resposta a esses problemas globais críticos, ela deve, em sua opinião, acolher a cognição e permitir que esta seja tão central para a espiritualidade quanto é para o fato de sermos humanos. Eu acho que ele traz um argumento muito importante.

A espiritualidade muitas vezes abriu mais espaço para a intuição do que para a razão. Frequentemente, deixou implícito que a resposta espiritual em qualquer situação é simplesmente uma resposta de entrega e confiança, sugerindo que nos apoiarmos em nossas próprias habilidades críticas de solução de problemas é uma indicação clara da ausência dessa confiança. Muitas vezes ela ensinou explicitamente que oração é entregar os problemas para Deus, mas deixou de lembrar que também deve incluir trabalhar para a solução deles na presença divina e com a ajuda divina.

Vir a Deus com abertura confiante não significa abandonar nossa agência e responsabilidade. O Gênesis nos diz que Deus investiu Adão e Eva de responsabilidade por toda a criação, e em nenhum momento desde então há qualquer razão para acreditar que Deus tenha dito: "Já que vocês fizeram essa bagunça tão grande, eu agora os absolvo dessa responsabilidade e peço que apenas confiem em mim para cuidar de tudo". A oração é comunhão divina que nos permite lidar com o mundo com foco, competência e paixão renovados — e com todos os nossos dons e capacidades naturais. E ponderar sobre problemas, tanto pessoais como comunitários, pode ser parte central dessa experiência de comunhão com Deus.

Como pai, sempre fico satisfeito quando nosso filho adulto consulta minha esposa ou a mim sobre decisões e problemas que está enfrentando. Certa noite, ele telefonou para nos dizer que estava pensando em comprar uma casa. Ele não estava procurando conselho. Ligou para falar sobre as decisões que estava tomando, porque confia em nós e queria compartilhar um momento importante de sua vida.

A oração de ponderação é mais ou menos isso. Na oração, compartilho com Deus o que está em minha mente. Com frequência eu faço isso durante uma caminhada. Aceito a máxima de Agostinho de *solvitor ambulando*: as coisas se resolvem caminhando[2]. Às vezes, quando caminho, penso em Deus e, às vezes, dirijo explicitamente a Deus pensamentos verbalizados. Mas minha oração ao caminhar não se limita de forma alguma a esses momentos em que falo especificamente com Deus. A experiência inteira é oração quando caminho com abertura diante de Deus. E a forma que essa oração com frequência assume é de oração de ponderação.

Mas você não precisa caminhar para que ponderação seja oração. A abertura confiante de nosso ser para Deus é o que faz de qualquer momento um momento de oração. É também o que torna qualquer hora ou dia uma hora ou dia de oração. Podemos pensar em problemas e tentar chegar a uma decisão por conta própria, ou podemos refletir sobre esses mesmos problemas e tentar chegar a uma decisão em comunhão com Deus. Esta última é oração — o que estou chamando de "oração de ponderação".

Dedique um momento para reparar nas coisas sobre as quais você tem ponderado nos últimos dias, coisas que você vem pesando na mente e carregando no coração. Identifique-as diante de Deus, pedindo a ele para ser parte de sua ruminação, enquanto você continua a refletir sobre esses assuntos. Só de escrever isso, já posso rapidamente identificar três ou quatro coisas que sei que estiveram muito em minha mente nos últimos dias, mas que ainda não convidei Deus para compartilhá-las. Desconfio que isso também seja verdadeiro para você. O mero fato de identificar essas coisas nos conecta a Deus, quando declaramos nosso desejo de abrir e compartilhar nosso coração e mente.

---

[2] Nietzsche expressou uma ideia semelhante quando sugeriu que nunca se deve confiar em um pensamento que não tenha surgido ao se caminhar.

Apenas estar atento à presença de Deus e dar atenção a todas as partes de nossa experiência já é integração, porque nos lembra de que não existe nenhuma parte de nós ou de nossa experiência em que Deus não esteja interessado.

Mente e coração

Embora a ponderação com frequência comece com pensamentos, se levada adiante ela pode nos mover além da mente para o coração. A ponderação dá atenção tanto aos pensamentos como aos sentimentos, e estes estão sempre intimamente ligados. Ponderar nos permite seguir as correntes de qualquer um deles, pois eles fluem em ondas que inevitavelmente incluem o outro. Claro que algumas pessoas tendem a permanecer presas em pensamentos ou sentimentos e passam pouco tempo prestando atenção no outro. Mas a oração nos convida a ponderar sobre os movimentos de mente e coração, e compartilhá-los com Deus.

Mencionei em um capítulo anterior que Maria, a mãe de Jesus, sabia como fazer mente e coração partes de sua vida de oração. Quando o anjo lhe disse que ela havia sido escolhida para carregar no ventre o menino Cristo, não causa surpresa que sua primeira resposta à notícia tenha sido ficar aflita. Percebendo isso, o anjo disse a ela para não temer, lembrando-a de que ela já havia conquistado o favor de Deus. Mas, rapidamente, ondas desse movimento inicial de abertura do coração alcançaram sua cabeça. Então, ela começou a refletir sobre as implicações do que ouvira. De repente, ficou perplexa e respondeu a esse espanto fazendo ao anjo uma pergunta extremamente prática e importante: "Como se fará isso? Pois sou virgem" (Lc 1,34). A expressão da perturbação tanto de seu coração como de sua mente foram orações, porque compartilhadas com abertura confiante para Deus.

No capítulo imediatamente seguinte a essa história, encontramos o registro do nascimento de Jesus e a visita dos pastores. Aqui também vemos como a cabeça e a mente de Maria estavam estreitamente alinhadas, e a facilidade com que ela abriu ambos para Deus. Lucas comenta que, ao ouvir os pastores descreverem para ela e para os outros o que os anjos lhes haviam dito sobre o menino Cristo, os outros ficaram espantados com o que ouviram. Maria, disse ele, respondeu ponderando essas coisas em seu coração (Lc 2,19). Certamente ela ainda estava cheia de perguntas. E, sem dúvida, também experimentou uma variedade espantosa de emoções. Ela não ignorou nada disso, mas ponderou sobre a totalidade de sua experiência ao abrir a cabeça e o coração para Deus.

Ponderar não é, portanto, simplesmente uma atividade mental. Geralmente será baseada em pensamentos, mas nunca excluirá as emoções. Mente e coração devem estar ambos abertos para Deus em oração, a fim de que essa oração nos ligue profunda e totalmente a Deus. Ponderar envolve não só pensar como também estar atento à direção em que esse pensamento me leva. Inclui, portanto, prestar atenção na maneira como o processo tem impacto sobre meu coração ou sobre meu eu mais profundo.

Nos últimos meses, tenho refletido sobre uma decisão. Um amigo me pediu que eu fosse orientador de alunos em um novo programa de Ph.D. que ele estava desenvolvendo. Para responder se eu aceitaria ou não, primeiro tive de refletir sobre o que eu esperava que isso pudesse alcançar e o que envolveria. Fiz boa parte disso pensando com Deus. Da mesma forma, também compartilhei meus pensamentos com minha esposa. Em ambos os casos, abri meu eu e meus processos de pensamento para pessoas em quem confiava e cuja comunhão eu desfrutava.

Havia, no entanto, outro componente em minha reflexão, e este acabou sendo crucial. Eu também ponderei em meu coração. Prestei atenção não só nos conteúdos e processos mentais como também nos movimentos dentro do meu espírito. Reparei, por exemplo, que com frequência me sentia perturbado quando estava refletindo sobre as questões envolvidas nessa experiência de orientação. Eu poderia ter considerado isso apenas uma irrelevância incômoda e tentado ignorá-la, mas ponderar exige atenção não só às questões de conteúdo que aparecem na mente, como também às questões de processo que se registram no coração.

Portanto, ao reparar nisso, eu discuti a questão com Deus. Fiquei imaginando com ele o que essa nuvem em meu espírito representava e que implicações ela sugeria. Para ser sincero, fiquei irritado com a presença dela. Queria aceitar o convite e estava entusiasmado com o desafio. Mas a nuvem que pairava sobre meu espírito não se dissipava — pelo menos até que eu finalmente discerni o que estava me incomodando. Prestar atenção orante ao meu coração ajudou-me a discernir minha inquietação. Eu queria tanto fazer o que me haviam pedido que não considerei estar ignorando o fato de que não achava que essa experiência de orientação poderia realmente alcançar o que eu ou a instituição esperávamos — pelo menos dentro dos parâmetros do que era possível.

Atentar para os dados do coração não era uma distração. Em última instância, isso me permitiu tomar a melhor decisão. Cheguei a essa decisão por meio de oração de ponderação. Certamente orei para que Deus me ajudasse a saber o que fazer. Mas, mais do que isso, enquanto eu ponderava sobre toda essa questão na presença de Deus, lentamente foi ficando cada vez mais claro que eu deveria recusar o convite.

Na oração, trazemos o coração e a mente com abertura para Deus. Ponderar nos permite não só nos aprofundarmos em um problema com análise racional focada e pensamento crítico, como também sairmos um pouco desse exercício e prestarmos atenção em outros dados que não são registrados na mente, mas no coração. Ponderar como oração envolve compartilhar tudo isso com Deus, que deseja que venhamos e compartilhemos nossa experiência e desfrutemos da comunhão que é oração.

Orar com imaginação

Mas ponderar envolve ainda mais do que reflexão sobre nossa experiência e os pensamentos, perguntas e emoções que isso suscita. Assim como os sentidos têm um papel importante a desempenhar na oração atenta, a imaginação tem um papel importante na oração de ponderação. Como os sentidos, a imaginação também com frequência foi vítima de desconfiança e marginalizada quanto à sua contribuição para a vida espiritual. No entanto, como os sentidos, ignorar a imaginação só traz prejuízo para uma vida rica de oração.

Recentemente, após eu afirmar algo nesse sentido em uma palestra, uma mulher se aproximou de mim dizendo que sempre lhe haviam ensinado que a imaginação não era importante, e até mesmo potencialmente perigosa, porque não era verdadeira. Perguntei se ela lia romances. Ela disse que não. Disse-me que só lia não ficção, porque isso, ela sentia, a mantinha com os pés na realidade. Ela podia estar com os pés firmes na realidade, mas todas as aparências sugeriam que estava longe de experimentar qualquer elevação de espírito. O medo a impedia de confiar que sua imaginação pudesse lhe dar perspectivas sobre a realidade que fatos e razão nunca poderiam proporcionar. Também a mantinha espiritualmente empobrecida. A razão tem o mesmo potencial de mau uso que a imaginação e não merece, portanto, ser privilegiada do jeito como frequentemente o é. Ambas podem ser usadas bem ou mal e, embora muitos de nós gravitem para uma ou outra, perdemos algo de nossa humanidade plena quando enfatizamos excessivamente uma e excluímos a outra[3].

Há muitas maneiras de trazer sua imaginação para a oração cristã. Uma das mais simples é permitir que ela participe de seu envolvimento com as Escrituras[4]. Se uma passagem que você está lendo contiver uma cena ou descrição de alguma ação ou encontro (como é comum, por exemplo, se ela for extraída dos Evangelhos), entre nessa cena em sua imaginação. Imagine a hora do dia, a estação do ano, os sons e cheiros que poderiam estar presentes; todos os elementos que tornariam essa cena real para você. Esteja ali na cena com os participantes. Repare em sua perspectiva, em como você se coloca em uma posição central ou

---

3 AL Hsu, comunicação pessoal, 16 de novembro de 2009.
4 Reconheço com alegria minha dívida para com minha esposa, Juliet Benner, por esse entendimento não só da importância da imaginação na oração, como também das maneiras como podemos trazer a imaginação para nosso envolvimento com as Escrituras.

periférica. Imagine mudar esse posicionamento. Atreva-se a entrar em uma conversa imaginária com os participantes. Transporte-se para o cenário e abra todos os seus sentidos para a presença e a revelação de Deus. Permita que isso se torne parte do que você agora pondera em seu coração e mente. Reflita sobre o significado do que você recebeu, reparando, novamente, no que emergiu em seus sentidos e imaginação, mente e coração, quando se abriu para Deus.

Dedique um momento a experimentar isso. Pense na seguinte história do Evangelho, de um episódio na vida de Jesus:

> De volta, os apóstolos contaram a Jesus tudo o que tinham feito. Ele os levou consigo e se retirou a sós com eles, na direção de uma cidade chamada Betsaida. Mas, quando uma multidão soube, foi atrás dele. Ele acolheu bem a todos, falou do Reino de Deus e restituiu a saúde aos que dela precisavam. A tarde caía. Os Doze chegaram perto de Jesus e lhe disseram: "Despede o povo, para que todos possam ir às vilas e povoados procurar hospedagem e comida, porque estamos num lugar deserto". Ele respondeu: "Dai-lhes vós mesmos a comida". Eles replicaram: "Só temos cinco pães e dois peixes, a não ser, talvez, que nós mesmos possamos ir comprar comida para toda essa gente". Lá estavam uns cinco mil homens. Mas Jesus disse aos seus discípulos: "Mandai que se acomodem em grupos de cinquenta". Eles obedeceram e os mandaram sentar. Então, Jesus tomou os cinco pães e os dois peixes e, levantando os olhos para o céu, pronunciou a fórmula da bênção sobre eles, partiu-os e os deu aos discípulos para que os distribuíssem à multidão. Todos comeram fartamente e, dos pedaços que sobraram, foram levados embora doze cestos (Lc 9,10-17).

Reflita sobre essa história, mas deixe que sua imaginação seja parte dessa reflexão. Siga Jesus e os discípulos enquanto eles viajam na estrada para Betsaida, na tentativa de ter um tempo a sós. Observe a multidão que os segue. Agora volte sua atenção para Jesus. Note como os discípulos parecem reagir à descoberta de que foram seguidos. Observe como reagem a Jesus quando ele dá as boas-vindas à multidão e começa a curar os doentes. Agora veja Jesus pegar os cinco pequenos pães e os dois peixes, que deveriam ser a refeição da noite para ele e os discípulos, e começar a distribuí-los para a multidão. Olhe no rosto dos discípulos. Ouça o que eles estão dizendo uns aos outros. Pegue você mesmo um pouco da comida, quando Jesus lhe entrega uma porção. Experimente-a. E repare em sua própria reação enquanto vê a escassa comida se multiplicar até todos terem mais do que o suficiente e ainda sobrar uma grande quantidade. Que pensamentos e perguntas estão se formando em sua mente? Compartilhe isso com Jesus. Escute-o enquanto ele lhe responde. O que ele diz? Pondere sobre o que significa ter recebido pão do Pão vivo. Pense no significado do evento que você testemunhou e compartilhe seus pensamentos com Jesus.

Estar imaginativamente presente para Jesus nos acontecimentos da vida dele, registrados nas Escrituras, pode ser uma parte imensamente enriquecedora da oração de ponderação. Isso torna o encontro pessoal e presente, algo que está acontecendo no momento atual. Talvez você se sinta pouco à vontade para iniciar uma conversa com Jesus na imaginação. Não há problema. Vá até o ponto que desejar neste exercício. Mas, se você tiver conseguido fazer isso, desconfio que, como na minha primeira vez, deve ter ficado bastante surpreso com o quanto o encontro foi direto e íntimo. O engajamento imaginativo guiado pelo Espírito na oração simplesmente traz outras partes de nosso eu para a experiência de oração e abre ainda mais dimensões de nosso ser para Deus.

Outra maneira de fazer isso é meditar sobre a arte religiosa cristã[5]. Ela nos oferece um recurso maravilhosamente rico para ponderar na oração. Milhares de grandes obras de arte foram produzidas como meditações sobre passagens da Escritura. Sentar-se diante delas e contemplá-las meditativamente é envolver os sentidos e a imaginação em uma conversa com Deus. Usar a meditação do artista como um trampolim para a sua própria ajuda você a se envolver com a Palavra por trás das palavras da Escritura. E o faz envolvendo os sentidos e a imaginação.

---

5 Ver, por exemplo, BENNER, JULIET, Contemplative Vision. A Guide to Christian Art and Prayer, Downers Grove, Ill., InterVarsity Press, 2010. Obras de arte baseadas em passagens bíblicas específicas podem ser facilmente encontradas no guia "Art Index", em <www.textweek.com>.

Cultivar a ponderação orante

Ponderar na oração é responder ao convite para trazer sua mente, coração e imaginação para a comunhão com Deus. Vou sugerir algumas coisas práticas que você pode fazer, se quiser continuar cultivando esse tipo de oração.

1. Comece incluindo um breve tempo para compartilhar as coisas em que você tem pensado, em qualquer momento da oração com palavras. Fale com Deus sobre as coisas que têm pesado em seu coração ou mente. Apenas identificá-las já é oração. Por exemplo, você poderia dizer: "Senhor, você sabe que estes dias eu tenho pensado muito em minhas finanças. Ofereço-lhe esse pensamento". Ou "Senhor, estou preocupado com a saúde de minha mãe e não sei se devo aconselhá-la a fazer mais quimioterapia. Ofereço-lhe meu pensamento e preocupações".
Ao se preparar para a oração concentrando-se em quietude, simplesmente faça com que suas primeiras palavras sejam uma identificação de suas realidades presentes, incluindo as coisas que você vem ponderando no coração e na mente. Para a maioria de nós, não é preciso nenhum esforço especial para lembrar de reservar um tempo para refletir sobre as coisas. Fazemos isso naturalmente em boa parte de nossas horas de vigília, e essa ponderação é transportada para nosso sono, com frequência se traduzindo no conteúdo de nossos sonhos. O que precisamos nos lembrar é de compartilhar essas ponderações com Deus, convidando-o, assim, a ser parte de nossa vida interior e dando-lhe acesso às nossas profundezas.

2. Reflita sobre o significado e a importância de alguns dos principais rituais e práticas cristãs que são parte de sua vida. Pense, por exemplo, no que a oração significa para você — não só como a entende ou o que ela deveria significar, mas o significado real dela para você. Pondere sobre o significado e a importância pessoal da comunhão (ou da Eucaristia) na próxima vez em que recebê-la. Ouça com atenção as palavras que são faladas na preparação para esse momento e na distribuição dos elementos. Reflita sobre elas durante e depois da experiência. Faça o mesmo com outros elementos regulares da tradição de sua própria igreja. Na próxima vez que você assistir a um batismo, reflita novamente sobre o significado de seu próprio batismo e dos votos batismais feitos por você ou oferecidos em seu nome por outras pessoas. Pegue alguns desses elementos familiares da prática religiosa e abra-os para um significado pessoal mais profundo, enquanto os examina em uma oração de ponderação.

3. Na próxima vez que estiver refletindo sobre alguma experiência pessoal recente, dedique um momento para convidar Deus a ser parte desse processo. Lembre-se de que, convidado ou não, Deus já está presente. E qualquer coisa que estiver em seu coração e em sua mente é uma questão importante para ele. Comece focando na experiência. Isso dá uma base para a reflexão e a faz bem diferente de especulação abstrata. Depois de recapitular a experiência por alguns

momentos, afaste-se dos detalhes do que aconteceu e veja toda a situação pelas lentes de sua fé e de sua tradição de fé. Que imagens se formam em sua mente quando você reflete sobre a experiência? Alguma dessas imagens parece apontar para Deus? Quais são as principais questões e valores embutidos na situação? Alguma história de imagens bíblicas ou teológicas das Escrituras vem à mente em relação a eles? Em caso afirmativo, como elas afirmam ou questionam o significado e o entendimento que você estava desenvolvendo sobre a situação? A situação envolve alguma questão ética cristã importante, como sexismo, relações de classes, justiça, moralidade, racismo, poder ou distribuição de recursos? Como Jesus responderia à situação, ou como ele enfrentou uma situação semelhante que foi registrada nas Escrituras? Como os temas teológicos de pecado, sofrimento, mal, graça, salvação, ou outros que são importantes em sua própria tradição, se relacionam com a situação e afetam seu entendimento dela? Essas perguntas são uma forma de abrir espaço para a reflexão teológica sobre a experiência. Fazer isso é ponderar na oração.

4. Fique atento a uma oportunidade para fazer Deus parte de sua ponderação sobre as questões sociais e globais mais amplas, que são mais preocupantes para você no momento. Na próxima vez que ler ou pensar sobre essas grandes questões, faça-o dentro do arcabouço de sua fé e torne sua reflexão sobre elas uma oração de ponderação. Faça novamente as perguntas sugeridas no parágrafo anterior como forma de trazer a reflexão teológica para essas questões. E não se esqueça de usar também seu melhor pensamento crítico ao buscar, na oração, compreender e ser guiado em sua resposta a elas. Isso também é oração.

5. Por fim, seja imaginativo em sua ponderação. Isso significa tomar cuidado para não ficar atolado nas rotinas da ruminação que às vezes podem se formar, quando você pondera sobre algo por um longo período. Permita que sua reflexão seja criativa, expansiva e gerativa. Veja genuinamente o que quer que esteja sendo objeto de sua ponderação por diferentes ângulos. Isso é o que você estava fazendo ao trazer a reflexão teológica para a questão. Agora, amplie os limites de sua reflexão ainda mais, convidando Deus para ajudá-lo a ver as questões por uma perspectiva divina e eterna. Ponderação imaginativa não é só permitir que imagens se formem em sua mente, como também que você adote perspectivas alternativas e múltiplas sobre as questões. Esteja atento a essas perspectivas alternativas no que você lê e ao ouvir outras pessoas falarem sobre as questões que o preocupam. Não descarte simplesmente o ponto de vista delas. Experimente-o enquanto procura descobrir e trazer a mente de Cristo para as questões.

6

Oração como resposta

Na oração, como na vida, é possível ficar preso na percepção e na ponderação e deixar de responder com ação. Observe seus padrões de procrastinação. Como os meus, eles provavelmente envolvem coisas sobre as quais você pensa e sabe que são importantes, mas escolhe não fazer nada a respeito — pelo menos não ainda. Exercícios e outras mudanças no estilo de vida vêm rapidamente à minha mente, mas sua lista pode ser diferente. Bloqueios similares também podem existir na oração.

O processo completo de oração é truncado se atenção e ponderação nunca levarem a uma resposta. Nem todo ato de atenção ou ponderação exige uma resposta, mas, se nenhum o fizer, estamos empacados em um ponto de oração incompleta. Há tantas maneiras de responder quanto há pessoas. Isso é parte de nossa singularidade. Nenhuma resposta única é adequada para todos. Mas alguma resposta é essencial para que estejamos abertos para Deus com a totalidade de nosso ser.

Orar com palavras

Finalmente chegamos ao que a maioria das pessoas pensa da oração! A oração com palavras, sejam audíveis ou silenciosas, será, em geral, a maior parte do que oferecemos conscientemente como atos intencionais de oração. Sabemos agora que isso está longe de ser tudo que é incluído na oração, mas é bastante apropriado pensar nisso como a forma principal de oração.

Quando seus discípulos lhe pediram que os ensinasse a rezar, Jesus ensinou uma oração com palavras. Embora ele certamente tenha ensinado outras formas de oração pelo exemplo, o que os protestantes costumam chamar de "Oração do Senhor" e os católicos romanos de "pai-nosso", é uma oração com palavras adequadas para uso audível ou silencioso, por indivíduos ou grupos. Não surpreende, portanto, que ela tenha sido frequentemente analisada em tentativas de identificar os elementos da oração que nosso Senhor incentivava. Antes de examinarmos isso, vamos nos lembrar da oração.

> Pai nosso que estais nos céus,
> santificado seja o vosso nome,
> venha a nós o vosso Reino, seja feita a vossa vontade,
> assim na terra como no céu.
> O pão nosso de cada dia nos dai hoje;
> perdoai-nos as nossas ofensas,
> assim como nós perdoamos a quem nos tem ofendido,
> E não nos deixeis cair em tentação,
> mas livrai-nos do mal.
> Pois vosso é o Reino, o poder e a glória para sempre. Amém[1].

---

[1] Esta oração é encontrada em dois lugares na Bíblia. Lucas 11,2-4 apresenta uma versão curta, enquanto Mateus 6,9-13 apresenta a versão mais longa. Com uma única exceção, a versão longa difere da curta apenas por ser uma expressão mais completa de pensamentos que são apresentados mais condensadamente no Evangelho de Lucas. A diferença mais substantiva é que Mateus inclui uma frase de encerramento ("Pois vosso é o Reino, o poder e a glória para sempre. Amém"), que não faz parte do texto de Lucas. Os católicos romanos tradicionalmente não incluem essa frase de conclusão, enquanto os protestantes o fazem. Estudiosos (ver, por exemplo, METZGER, BRUCE M., A *Textual Commentary on the Greek New Testament*, New York, United Bible Societies, 1971, 16-17) sugerem que essa frase provavelmente não tenha feito parte das palavras originais de Jesus, mas seja uma adaptação de sua oração para uso litúrgico pela Igreja primitiva.

É possível classificar os componentes dessa oração — e, portanto, as dimensões da oração em palavras — de várias maneiras diferentes. Vou sugerir uma classificação simples, construída em torno de quatro elementos.

1. *Fé*. A oração é uma expressão de confiança, e a confiança é o núcleo essencial da fé. Uma oração com palavras completas sempre inclui, portanto, alguma expressão de nossa fé. Nessa oração-modelo de Jesus, a fé é expressa pela abertura, "Pai nosso". Pela fé, ousamos dirigir-nos a nosso Pai divino e, pela fé, identificamos Deus como nosso. Oramos para aquele a quem Jesus chamou de Pai, porque, pela fé, aceitamos que em Cristo compartilhamos seu Pai conosco. Podemos invocar Deus como nosso Pai divino porque o Filho o revelou como tal para nós. No Filho, por meio de nosso batismo, somos adotados como filhas e filhos desse Deus a quem nos dirigimos como nosso.

2. *Louvor*. Descrever Deus como estando "no céu" é uma expressão de louvor. Isso não se refere a uma localização espacial, mas a um modo de ser. Afirma que Deus é majestoso. Também sugere que Deus é transcendente e santo, inimaginavelmente além de qualquer coisa que possamos imaginar. Esse tema ecoa na frase seguinte, "Santificado seja o vosso nome". Nisso afirmamos que Deus é santo e expressamos nosso desejo de que o mundo inteiro reconheça a presença de Deus e responda com admiração e reverência.

3. *Esperança no Reino*. A isso se seguem várias expressões de nossa esperança no Reino de Deus, a esperança no reinado de Deus que começou na terra, mas ainda não se cumpriu. Primeiro rezamos: "Venha a nós o vosso Reino". O que isso significa fica mais claro na expressão seguinte: "seja feita a vossa vontade, assim na terra como no céu". Pedimos que o reinado de Deus na terra seja como no céu, como cumprimento da vontade perfeita de Deus. Esse cumprimento é e será o Reino de Deus.

4. *Petições e intercessão*. A isso se segue uma série ainda mais explícita de petições, lembrando-nos de que pedir coisas a Deus é uma parte importante da oração. Em primeiro lugar, pedimos o pão nosso de cada dia, que representa as nossas necessidades. Ao fazer esta ora-

ção, eu peço junto com todos aqueles que se voltam para Deus com fé e, assim fazendo, reconheço que esse pão não é meu, mas nosso. Isso vem com a responsabilidade de compartilhar. Não peço, portanto, apenas para mim. Peço aquilo de que preciso, mas que posso, então, passar para outros, refletindo assim o coração amoroso do Deus a quem peço. Isso nos lembra do importante papel da intercessão: rezar pelos outros e em nome deles. Para muitas pessoas, a intercessão é o centro de sua vida de oração. Embora a oração holística não deva ser limitada a isso, pedir a Deus que seja misericordioso com aqueles que guardamos amorosamente no coração é, sem dúvida, uma parte importante da oração cristã.

Em seguida, pedimos perdão. Isso é apropriado, uma vez que reconhecemos a santidade de Deus e, ao fazê-lo, somos lembrados de nossa própria falta. No entanto, a próxima frase talvez seja mais surpreendente. Pedimos que nossas ofensas sejam perdoadas da mesma maneira que perdoamos aqueles que nos ofenderam. Mais uma vez, portanto, essa oração nos lembra de nossa responsabilidade: primeiro de compartilhar nosso pão de cada dia e, depois, de perdoar como desejamos que Deus nos perdoe.

Por fim, a oração termina com um pedido para que não sejamos levados à tentação, mas libertados do mal. Pedimos ajuda para conseguir resistir à tentação e ser protegidos do maligno. Mas esse também é um pedido para que sejamos libertados de todos os males, passados, presentes e futuros. É um pedido, portanto, para que sejamos guardados e protegidos pela santidade de Deus. E assim, com isso, voltamos para uma expressão de louvor ao majestoso que reside no céu, além do mal e cheio de poder e glória eternos.

Embora haja valor em identificar os elementos da oração com palavras, não acredito que toda oração com palavras precise conter todos esses componentes. Interpretar o pai-nosso de forma tão literal é tratá-lo de maneira muito legalista. Às vezes, quando nossa resposta de oração nos leva a uma comunicação em palavras com Deus, o que precisamos expressar é apenas uma dessas dimensões. Em outras ocasiões, o que temos de expressar não parecerá estar representado nesse modelo de oração. Isso não significa que não seja apropriado. Pense, por exemplo, nas orações de agonia de Jesus no jardim do Getsêmani. Só porque o pai-nosso não contém uma expressão correspondente de agonia, não significa que algo como "Meu Deus, meu Deus, por que me abandonaste?" (Mt 27,46) não seja uma oração verbal apropriada. Ou, só porque ele não contém uma expressão de agradecimento, não significa que comunicar gratidão seja inadequado. Obviamente, a gratidão é uma parte importante da oração, assim como o lamento. Orar é voltar nosso eu com confiança e abertura para Deus, compartilhar tudo que existe dentro de nós.

No entanto, com o tempo, a oração com palavras geralmente se moverá por esses vários elementos. As palavras que usamos, em geral, se encaixarão em algum lugar dentro dessas grandes categorias de expressões de nossa fé, louvor, esperanças e petições. Contudo, lembre-se de que a oração não é tanto o que fazemos, mas o que Deus faz em nós. Não é nosso trabalho oferecer orações perfeitas que sigam algum tipo de fórmula, mas sim nos abrirmos para Deus e permitir que nosso eu responda à nossa experiência. E, com frequência, essa resposta exigirá palavras.

Orações com palavras podem, claro, ser compostas por nós mesmos e oferecidas de improviso, ou ser a nossa oferta de uma oração escrita por outra pessoa. Infelizmente, algumas igrejas valorizam uma delas e desprezam a outra, ou só se sentem à vontade com uma e evitam a outra. Mas ambos os tipos de oração têm um valor imenso.

Já identificamos o valor de expressões verbais simples de nosso próprio coração e mente. Às vezes, isso é chamado de "oração conversacional". Com frequência é considerada oração pessoal. Mas orações litúrgicas que foram escritas por outros podem ser igualmente pessoais, quando oferecidas como nossas, independentemente de estarmos rezando a oração sozinhos em devoção particular ou como parte de uma comunidade de devotos. A oração é pessoal. Não existe isso de oração impessoal. Pode haver declarações impessoais de teologia, mas a oração é sempre expressão de um coração e mente que estão abertos para Deus com confiança, respondendo ao movimento de Deus na pessoa.

A oração em palavras é onde a maioria de nós começa nossa jornada de oração. Mas, embora seja um excelente ponto de partida, se a oração não for além das palavras, ela secará gradualmente e se mostrará cansativa e frustrante. O problema não são apenas as limitações das palavras, mas também as partes limitadas de nosso eu que estão envolvidas em comunhão com o divino, se nosso encontro se restringir às palavras. Deus convida não só nosso eu cognitivo, mas todo o nosso ser. Em consequência, é importante aprender a envolver outras partes de nosso eu em nossa resposta de oração, para permitir que Deus se mova em e através de nosso eu total e que a oração surja como uma resposta desse eu total.

Orar com música

A música é um meio poderoso de envolver algumas das outras partes de nosso eu que são convidadas para o encontro divino. É por isso que cantar é tão importante para o culto cristão. O simples ato de acrescentar música às palavras faz com que mais de nosso eu esteja agora envolvido na experiência. A oração não é mais simplesmente uma expressão de pensamentos. A música envolve nossas emoções e nosso corpo, bem como outras partes profundas de nosso eu que são excluídas de um encontro baseado exclusivamente em pensamentos. Ela também evoca lembranças e nos põe de novo em contato com experiências importantes. É, portanto, um recurso essencial para avançar para a oração como uma abertura do eu total para Deus.

Conheço muitas pessoas cuja resposta de oração mais significativa envolve cantar, tocar ou ouvir música que expresse palavras que falem a elas. Curiosamente, algumas dessas pessoas vêm de tradições religiosas que depreciam a oferta de orações com palavras que foram escritas por outros. Mas o que torna essas orações aceitáveis é que elas são levadas de seu coração para o coração de Deus pela música. Essa é, claro, uma ilustração maravilhosa da oração como resposta. Os que rezam com música dessa maneira reconhecem que a oração não é simplesmente o que eles fazem, mas também permitir que o que Deus coloca em seu coração volte para Deus. E eles estão absolutamente certos nesse conhecimento profundo, quer já o tenham expressado nesses termos, quer não.

A música, entretanto, também pode elevar o espírito para o céu como uma resposta ao Espírito sem envolver palavras que sejam compreendidas ou sem envolver palavra nenhuma. Algumas das músicas que transportam minha resposta mais profunda na oração são músicas corais compostas e cantadas em línguas das quais conheço, quando muito, não mais que um pequeno número de palavras. Poucas coisas, por exemplo, tocam meu espírito e expressam minha oração mais profunda como o moteto medieval de quarenta vozes *Spem in Alium*, de Thomas Tallis. O fato de ser cantado em latim não diminui minha experiência de oração, mas, antes, a amplia. Como não entendo a maioria das palavras, o hemisfério esquerdo do meu córtex cerebral pode desfrutar de um descanso bem-vindo, enquanto os lugares mais profundos de meu espírito e de minha alma se elevam para Deus. É a mesma coisa que acontece comigo quando ouço *jazz*. Mas pode ser *rock*, música cristã contemporânea, clássica, *world music* ou algum gênero musical muito diferente que transporte suas orações mais profundas. Em todos os casos, a música é o meio pelo qual o Espírito de Deus nos toca nos lugares profundos de nossa individualidade e nos convida a responder, permitindo que essa música seja o veículo de comunhão com Deus. E, para aqueles com talento musical, fazer música pode, claro, ser também uma resposta de oração maravilhosamente criativa e rica.

Faça uma pausa na leitura para orar com música agora mesmo. Ouça qualquer música que escolher, deixando todo o resto de lado e realmente se concentrando nela. Abra-se para essa música e, por meio dela, para Deus. Ou faça a música você mesmo e deixe-a fluir criativamente de suas profundezas. Responda aos convites do Espírito que voltam seu coração e espírito para Deus.

Orar com criatividade

Mas a música não é a única maneira de oferecermos uma resposta orante artística ou criativa. A resposta que irrompe de dentro de você pode ser escrever um poema, pintar um quadro, criar ou executar uma peça musical ou dançar, como também preparar uma refeição, enfrentar um conflito que você estava evitando, ou simples e verdadeiramente ser você mesmo com um amigo ou de forma mais pública.

A criatividade, como o pensamento, sem dúvida também é uma das maneiras importantes com que os seres humanos demonstram a semelhança divina. Deus cria e somos feitos à imagem de Deus. Em consequência, a criatividade jorra de todos nós, de uma forma ou de outra. Nem sempre confiamos em sua voz e, quando nos distraímos, podemos nem mesmo discernir sua presença. Tendemos a pensar em criatividade apenas em certas esferas limitadas da vida — as artes, por exemplo — e não perceber que qualquer ato que emerge com autenticidade de um lugar profundo do espírito e da alma é criativo.

Como parte da pesquisa para outro livro que escrevi, pedi a várias pessoas que descrevessem as circunstâncias em que se sentiam mais em harmonia e em paz consigo mesmas[2]. Suas respostas foram diversas e fascinantes. Muitas falaram de momentos com alguém que amavam. Outras descreveram a quietude de estar na solidão. Algumas falaram de momentos de preparar as refeições ou cuidar dos filhos. No entanto, quando perguntei o que era mais satisfatório nessas experiências, uma mesma resposta surgiu repetidamente. Elas me disseram que essas eram situações em que se sentiam verdadeiras consigo mesmas de uma maneira profunda. Ser o nosso verdadeiro eu é um ato de ser que sempre envolve criatividade e

---

[2] O título desse livro é *Soulful Spirituality. Becoming Fully Alive and Deeply Human*. Ele analisa a maneira como a espiritualidade pode nos tornar mais ou menos profunda e autenticamente humanos, examinando uma série de práticas espirituais profundamente cristãs, embora nenhuma delas seja distintivamente cristã. Essas práticas representam, portanto, maneiras espirituais fundacionais de viver, que dão apoio à jornada de desenvolvimento humano.

originalidade, e é oração quando oferecido em abertura e confiança a Deus.

Claro que reconhecemos que os grandes artistas entre nós expressam criatividade e talvez possamos, em consequência, ver como expressões artísticas podem ser uma oração de resposta criativa. Mas, para ver mais claramente como todos nós temos as possibilidades de respostas criativas orantes, vou compartilhar brevemente a história de uma das pessoas que entrevistei.

Gordon tinha 86 anos quando conversamos[3]. Casado de novo recentemente depois de um longo período de luto pela morte da mulher, que fora sua esposa por cinquenta e um anos, ele havia, uma vez mais, abraçado a vida e estava vivendo com o entusiasmo e o ardor que sempre o caracterizaram. Morando às margens de um lago em uma área remota no norte de Minnesota, ele disse que se sentia à vontade como nunca havia estado nos ambientes urbanos que tinham sido o contexto de sua vida anterior. Ali, durante os meses de verão, ele remava com sua nova esposa pelo lago, em sua canoa, e, no inverno, caminhava para a cidade com sapatos para neve, a fim de comprar comida e outros suprimentos. Ele também começou a andar a cavalo, algo que disse que sempre quis fazer, mas nunca tivera oportunidade. Cavalgar logo o levou a saltar, embora recentemente tivesse sido convencido a desistir disso, quando caiu do cavalo ao saltar sobre uma cerca! Sua vida era plena de alegria, e ele transbordava amor por todos que encontrava. Toda semana ele passava horas trabalhando como voluntário em um centro de acolhimento para jovens na pequena cidade próxima, e sua casa ficava cheia de pessoas que eram atraídas para ele por causa da vitalidade que brotava das profundezas de seu ser, desafiando-as de forma contagiante para um envolvimento mais apaixonado com a vida.

Perguntei a Gordon como ele entendia o dom de sua vida. Ele falou de sua família e da alegria de seu novo casamento, mas também sobre ter aprendido a ser livre para ser ele mesmo. Disse que havia

---

[3] Estou falando de meu pai, Gordon Wilson Benner.

descoberto que existia um modo simples e natural de estar no mundo e com Deus, e que esse era quem ele fora chamado a ser. Cada um de nós é similarmente chamado a ser o eu único e original que somos em Deus[4]. Fazer isso é orar com criatividade.

Orar com mãos e pés

A oração é, como sugeri no capítulo um, muito mais do que costumamos pensar ou perceber. Não rezamos só com palavras. Podemos orar até com as mãos e os pés! Estou orando com os dedos neste momento, enquanto escrevo este capítulo. Fazer um diário é, claro, outra forma de orar com as mãos. Há, no entanto, várias tradições de oração ainda mais antigas que desempenharam um papel importante na espiritualidade cristã ao longo dos milênios.

Uma das maneiras mais antigas de orar com as mãos foi fazer o sinal da cruz. Bem estabelecido por volta do século II, os orantes traçavam o sinal da cruz no corpo ou no ar, com frequência enquanto repetiam a fórmula trinitária "Em nome do Pai, do Filho e do Espírito Santo". Com pequenas diferenças na forma como é feita nas Igrejas ortodoxas orientais e nas Igrejas ocidentais (católica romana, anglicana/episcopal, luterana e algumas metodistas), essa oração com a mão é, para milhões de cristãos, uma invocação simbólica do Deus trinitário. Nada precisa ser dito para essa oração ser oferecida. Tudo que é necessário fazer é o sinal da cruz.

Embora cristãos não litúrgicos tendam a não fazer o sinal da cruz, eles muitas vezes usam cruzes, que têm o potencial de servir ao mesmo propósito. A fim de ajudar a manter o significado da cruz em mente, a que eu uso por baixo da camisa é propositalmente bastante pesada; seu movimento em resposta aos meus movimentos me dá motivo frequente para lembrar que carrego a cruz de Cristo em meu

---

[4] Para saber mais sobre o papel da criatividade e da originalidade na espiritualidade cristã, ver meu livro *The Gift of Being Yourself. The Sacred Call to Self-Discovery*, Downers Grove, Ill., InterVarsity Press, 2004.

corpo. No entanto, cruzes usadas são facilmente esquecidas e muitas vezes funcionam apenas como joias, ao passo que a intencionalidade do sinal da cruz tende a fazer dessa uma oração mais consciente. Mas, uma vez mais, somos lembrados de que não existe uma única maneira correta de orar — ou mesmo de permanecer conscientemente conectado ao símbolo central da fé cristã, a cruz.

Outra prática cristã primitiva de orar com as mãos foi vista pela primeira vez entre os monges do deserto dos séculos II e III, que usavam pedras como auxílio para a oração. Sentado no chão, o orante tinha uma pilha de pedras que haviam sido reunidas e contadas e as movia, uma de cada vez, após cada repetição da Oração de Jesus: "Senhor Jesus Cristo, Filho de Deus, tende piedade de mim, pecador"[5]. As pedras serviam para manter o orante no lugar, libertando o espírito ao mesmo tempo em que envolvia a participação do corpo. Elas também serviam como uma forma de manter o controle do número de repetições, que com frequência era 150 (para o número de salmos no Saltério). Por volta do século IV, a repetição da Oração de Jesus era uma característica-padrão da oração monástica. Basílio Magno recomendou, no entanto, que as pedras fossem substituídas pelo uso de um cordão com nós ou contas[6]. Orações que são estruturadas por esse cordão, chamado de "*chotki*", continuam a ser centrais na vida dos cristãos ortodoxos orientais até hoje.

A mais conhecida oração católica romana com contas é o rosário, que é um círculo de contas que guia o orante por sequências repetidas de um ciclo de orações[7]. Cada ciclo é seguido por uma meditação so-

---

[5] A Oração de Jesus, uma forma de oração contemplativa que é central na espiritualidade cristã ortodoxa, é analisada de modo mais completo no capítulo sete.

[6] A passagem de contas pelos dedos como um auxílio para a oração havia estado em prática desde muito tempo antes que esses cristãos primitivos a adaptassem para a oração cristã. Islamismo, budismo, hinduísmo, sikhismo e bahaísmo fazem uso de contas de oração.

[7] O rosário começa com o pai-nosso (a Oração do Senhor) e avança para a ave-maria ("Ave, Maria, cheia de graça, o Senhor é convosco. Bendita sois vós entre as mulheres e bendito é o fruto do vosso ventre, Jesus. Santa Maria, Mãe

bre um dos acontecimentos da vida de Jesus Cristo ou de sua mãe, a Santíssima Virgem Maria. Essa forma devocional popular de rezar é muito mais do que uma oração de palavras. Pela repetição auxiliada pelos elementos de toque e movimento, ela gradualmente mergulha da consciência para o inconsciente. É, portanto, uma forma de oração profunda e extremamente importante, que tem como manifestação mais visível o movimento das contas pelos dedos.

Adaptações dessas formas ortodoxas orientais e católicas romanas de rezar com contas podem ser encontradas em várias outras tradições cristãs. Na Noruega, encontrei uma versão luterana que envolve dezoito contas de diferentes formas e texturas, que são usadas para guiar o orante em uma série de meditações. Chamadas de "Pérolas da vida" (ou, às vezes, de "Coroa de Cristo"), elas são com frequência usadas como uma pulseira em que o orante manuseia cada um dos nove tipos diferentes de contas e silenciosamente oferece a oração curta que está associada a cada uma delas. Outra adaptação recente são as contas de oração anglicanas, em que trinta e três contas (correspondentes aos trinta e três anos da vida de Nosso Senhor) são divididas em grupos, com uma conta cruciforme inicial que começa a sequência da oração. Independentemente desses diversos nomes confessionais, cristãos de muitas tradições fazem uso dessas e de outras contas de oração e, ao fazê-lo, movem sua oração da cabeça para lugares profundos no corpo, espírito e alma.

Orar com os pés funciona mais ou menos da mesma forma que orar com as mãos. Uma vez mais, os elementos de toque e movimento ajudam a evitar que nossa mente divague e o ritmo da oração auxilia a trazer corpo, mente e espírito à presença de Deus. A oração ao caminhar pode ser uma oração de atenção, ponderação, resposta ou contemplação. Já a mencionei em capítulos anteriores, portanto, vou

---

de Deus, rogai por nós pecadores, agora e na hora de nossa morte. Amém"), o Glória ("Glória ao Pai, ao Filho e ao Espírito Santo: assim como era no princípio, agora e sempre. Amém"), outra rodada de ave-marias e conclui com um último Glória.

dizer algo aqui sobre o caminhar como resposta. No capítulo sete, examinaremos seu papel na oração contemplativa.

Escolher caminhar como resposta e modo de estar presente para Deus envolve mais do que simplesmente tentar se lembrar de falar com ele quando por acaso você estiver caminhando. Aqui, a resposta que eu posso me sentir impelido a dar ao movimento do Espírito dentro do meu espírito é caminhar. A peregrinação é um bom exemplo disso. A peregrinação cristã está enraizada nas peregrinações que os judeus historicamente faziam a Jerusalém. Os chamados "Salmos das Subidas" — Salmos 120-134 — eram os cantos entoados pelos peregrinos nessas viagens. Os judeus chamam esses salmos de Ma'alot, que significa "degraus" ou "subida", referindo-se à subida a Jerusalém que terminava com a subida dos degraus do templo. Em sinagogas e igrejas por todo o mundo, esses salmos ainda são recitados, embora muitos de nós tenhamos perdido o contato com seu contexto original e não nos lembremos do valor espiritual da peregrinação.

No cerne da peregrinação está uma jornada. Mas, ao contrário da maioria das viagens, viajar não é simplesmente um meio de chegar a um destino. A jornada do peregrino é meio tanto quanto fim. Com frequência, um destino é escolhido por causa de seu significado espiritual. No fim da muito popular peregrinação de Santiago de Compostela, no norte da Espanha, há uma catedral onde, segundo a tradição, estão enterrados os restos mortais do apóstolo Tiago. Entre muitos outros destinos, os cristãos também fazem desde muito tempo peregrinações a Jerusalém (por causa de seu significado na vida de Cristo e sua importância para compreender os Salmos das Subidas) e Lourdes (por causa de sua longa reputação de ser um lugar de curas milagrosas). No entanto, os peregrinos rapidamente reconhecem que a própria jornada é transformacional, quando feita com abertura orante para Deus. O anseio por trás das ações faz da peregrinação uma oração. Quando esse anseio aponta para Deus, nosso coração e espírito estão apontados para Deus, e nossos pés estão apenas seguindo os impulsos do Espírito, quando somos movidos à oração.

A peregrinação sempre envolve uma jornada exterior e outra interior. Qualquer viagem pode ser uma peregrinação, independentemente do destino ou de nem sequer haver ou não um destino. A diferença entre um peregrino e um turista é a intenção de *atenção* e *abertura* para Deus. Isso transforma uma viagem em peregrinação, e o resultado é que o eu que parte em peregrinação não será o mesmo eu que retorna. Quando a viagem é empreendida com anseios que apontam para Deus, a jornada será sagrada, porque é um ato de oração transformacional.

Nem todos podemos fazer uma peregrinação a Santiago de Compostela, Jerusalém ou Lourdes. Algumas pessoas nem podem viajar a lugar nenhum. Assim, ao longo dos séculos, formas simbólicas de fazer peregrinação foram desenvolvidas. A mais conhecida delas é caminhar por um labirinto ou mesmo traçar um na palma da mão. Ao contrário dos labirintos comuns, que são cheios de becos sem saída e padrões complicados, esses labirintos são criados para a oração e não projetados como um quebra-cabeça. Nesse labirinto unicursal, um único caminho leva a muitas curvas, mas, quando seguido até o seu final, inevitavelmente nos leva ao centro. Então, quando estamos prontos, ele nos conduz para fora outra vez. Irene Alexander descreve a maravilhosa implicação disso: "Se eu me mantiver caminhando na jornada espiritual, se eu me confiar à jornada e ao Outro Divino, é certo que no fim chegarei ao Centro. Minha tarefa é confiar e continuar a jornada"[8].

Labirintos podem ser facilmente encontrados em centros de retiros e catedrais por todo o mundo. Além de caminhar por eles com abertura orante para Deus, não existe um jeito certo de oferecer essa oração. Em minha própria prática, procuro trazer comigo qualquer coisa que me perturbe ou qualquer dúvida que eu esteja carregando no coração. Conforme me aproximo do centro — que, como no caminho da vida, parece mais próximo algumas vezes e mais distante em outras (mas pode sempre ser visto) —, minha expectativa de repousar

---

8 ALEXANDER, IRENE, Pilgrimage. Trusting Myself to the Other, *Conversations*, autumn-winter 2007, 45.

na presença de Deus aumenta. Quando chego lá, deixo com Deus tudo que estive carregando. Fico no centro o tempo que me der vontade, desfrutando da presença de Deus. E, então, retorno tranquilamente para o meu mundo cotidiano, levando comigo um sentimento renovado de união com Deus e gratidão por qualquer outra dádiva que tenha recebido.

Procuro caminhar por labirintos onde quer que os encontre. Eles são uma forma de oração muito importante para mim, porque não envolvem palavras. Eu sou uma pessoa de palavras. Passei boa parte de minha vida pensando, falando e escrevendo. A oração que não envolve palavras é, portanto, imensamente libertadora e curadora para mim. Ela me permite sair das rotinas centradas na palavra de minha vida e representar meu comprometimento com Deus de uma forma corporal. Quando, depois, volto para o meu mundo de palavras, trago meu corpo de volta comigo. É por isso que a oração do labirinto é tão curadora para mim. À medida que ousamos levar mais e mais de nós ao encontro com Deus, ficamos mais íntegros.

Orar com serviço amoroso

Conversei com uma amiga que trabalha como gerente de um programa de tratamento residencial para dependentes químicos. Sei que ela não se considera religiosa nem mesmo espiritual. Ela me disse que raramente reza e que mantém relações com quacres mais por causa dos valores da comunidade do que como uma forma de se conectar com Deus. Sua conexão com Deus, diz ela, ocorre principalmente em e por meio de seu trabalho. Então, dessa vez em que estivemos juntos, pedi a ela que me contasse o que a fazia continuar nesse trabalho e como isso a conectava com Deus. Ao ouvi-la falar das pessoas em seu programa e de seu forte desejo de fazer diferença na vida delas, fiquei profundamente tocado por sua compaixão e dedicação às pessoas que ela servia, e não apenas a um emprego. Ela me disse que sentia que estava servindo a Deus e que era por isso que seu trabalho lhe parecia tão sagrado.

Essa mulher era, na verdade, uma mulher de oração. Caso isso pareça levar longe demais o conceito de oração, ouça as palavras de Jesus (Mt 25,31-40):

> Quando o Filho do homem vier gloriosamente, acompanhado por todos os seus anjos, sentará no seu trono glorioso. Diante dele estarão reunidas todas as nações, e ele separará os homens uns dos outros, como o pastor separa as ovelhas dos cabritos. Colocará as ovelhas à sua direita e os cabritos à esquerda. Então, o rei dirá aos que estiverem à sua direita: "Vinde, benditos de meu Pai! Recebei em herança o Reino que vos está preparado desde a criação do mundo. Porque tive fome e me destes de comer. Tive sede e me destes de beber. Era um estrangeiro e me acolhestes. Estava nu e me vestistes, doente e me visitastes, na prisão e me viestes ver". E lhe responderão os justos: "Senhor, quando foi que te vimos com fome e te demos de comer, ou com sede e te demos de beber? Estrangeiro e te recolhemos? Nu e te vestimos? Doente ou na prisão e fomos te visitar?". O rei responderá: "Eu vos declaro esta verdade: cada vez que fizestes isso a um dos menores desses meus irmãos, a mim o fizestes".

Todas as ações amorosas revelam a presença de Deus. O amor vem de Deus, pois Deus é amor. *Ubi caritas et amor, Deus ibi est* — onde estão a caridade e o amor, aí está Deus. Todos os atos de amor participam de Deus e dele emanam. É por isso que o apóstolo João diz: "Caríssimos, amemo-nos uns aos outros, porque o amor vem de Deus, e todo aquele que ama nasceu de Deus e conhece a Deus. [...] Deus é Amor: quem permanece no amor permanece em Deus e Deus nele" (1Jo 4,7.16). Deus é a origem do amor. Mas Deus também é o fim do amor. O amor dado aos necessitados é amor dado a Deus. O amor é sempre Deus fluindo através de nós e de volta para Deus. É por isso que a presença do amor genuíno é um indicador tão inequívoco da presença de Deus. Um coração que está genuinamente aberto para o amor é um coração que está genuinamente aberto para Deus — quer a pessoa reconheça isso como verdade, quer não —, e é por isso que atos de amor são atos de oração. Tal como acontece com o amor, Deus é a origem e o fim da oração. Nosso papel com a oração, assim como com o amor, é permitir que ela flua através de nós, em vez de bloquear seu fluxo.

Defender a justiça ou agir de forma a realizá-la também podem ser atos de oração. Mas isso quando emergem do amor, não simplesmente da raiva. A ação social que vem de um coração aberto para Deus refletirá o coração de Deus, um coração que sempre combina a paixão pela justiça com amor apaixonado.

Cultivar a resposta orante

Oração pode incluir não só pensamentos e palavras, como também nosso coração, mãos, pés e até mesmo nosso modo de viver. As maneiras de responder que examinamos neste capítulo ilustram apenas algumas das muitas possibilidades. É claro que existem tantas formas de orar quanto há pessoas. A oração é a abertura de nosso eu para Deus, e cada um de nós é um ser único. Nossas maneiras de responder a Deus devem, portanto, refletir essa singularidade. Considere as seguintes sugestões, se você quiser cultivar mais a oração como resposta, de modo a viver criativamente sua singularidade.

1. Amplie o âmbito de sua oração com palavras. Se suas orações forem primordialmente suas próprias expressões espontâneas produzidas pessoalmente por você, consulte um livro de orações e veja no que ele pode contribuir para seu encontro com Deus. Muitos desses livros são facilmente disponíveis e encontrados. Se, por outro lado, suas orações com palavras forem primordialmente litúrgicas, tente conversar com Deus com suas próprias palavras. Reveja os quatro componentes principais da oração incluídos no modelo de oração oferecido por Jesus. Preste atenção a qualquer convite que o Espírito possa lhe oferecer para ampliar suas expressões de oração com palavras e inclua qualquer um desses componentes que talvez não esteja tipicamente presente em suas orações. Ou, se você nunca tiver oferecido orações com palavras pessoais para Deus, simplesmente converse com ele sobre onde você está neste momento e fale como falaria com um amigo. Não há lugar melhor para começar a oração com palavras.

2. Acolha as maneiras com que Deus encontra você em sua singularidade. Onde você se sente mais próximo de Deus? Que coisas representam maneiras especiais e importantes de você se abrir para Deus? Sejam elas quais forem, podem ser consideradas meios de graça. São maneiras pelas quais Deus vem até você. Sua parte é abrir espaço para esses encontros com Deus. Pode ser um tempo passado em seu jardim ou com seus netos ou sobrinhos, ou um tempo para uma caminhada contemplativa. Seja qual for a forma que assumir, se abrirem você para Deus, serão momentos de oração. Acolha essas maneiras de Deus encontrar

você e entre nelas com abertura não só para a experiência, como também para o Deus que está com você nelas.

3. Deixe o amor fluir através de você. Reflita sobre o papel que o amor desempenha em sua prática e vida de oração. Ao olhar para o mundo pelos olhos de Deus (atenção) e refletir sobre as pessoas em sua vida e questões importantes que pesam muito em seu coração (ponderação), considere como pode responder ao amor de Deus, permitindo que esse amor flua através de você mais livre e plenamente. A oração nunca deve ser apenas uma questão particular entre mim e Deus. Essa visão da espiritualidade cristã é muito egocêntrica. Lembre-se do padrão que vimos na Oração do Senhor, o pai-nosso. Nossa oração pode parecer nossa, mas a oferecemos como parte de uma comunidade que se dirige a Deus coletivamente como "Pai nosso". Na oração, temos um olho em Deus, mas o outro olho está sempre se voltando, por assim dizer, para o mundo que Deus ama. O amor de Deus deve sempre nos mover para esse mundo em serviço amoroso e atos de justiça social, e não se restringir a sentirmos o calor do amor recebido pessoalmente. Abra-se para o amor de Deus e deixe-o fluir através de você.

Deus não precisa de nossa resposta de oração. Nós precisamos dela. Orar em resposta à atenção e à ponderação é tão natural quanto comer em resposta à fome e à presença de comida. É antinatural bloquear esse fluxo natural. Solte-se e deixe seu corpo, alma e espírito responderem a Deus. Isso é oração.

7

Oração como ser

As formas de oração que examinamos até aqui — oração como atenção, ponderação e resposta — baseiam-se em coisas que fazemos. No entanto, a oração é mais do que aquilo que fazemos. É mais ainda do que orar. Chegamos agora à expressão da oração que vai mais além do fazer. É a oração como ser.

Permitir que a oração se aprofunde ao nível de nosso próprio ser é o dom do Espírito que resulta de ouvir, ponderar e responder à comunicação de Deus. Não é tão misterioso quanto parece. Em essência, é estar *com* Deus. É o conhecimento experiencial de nosso estar *em* Deus. É repousar na presença daquele cuja palavra e presença nos convidaram a nos relacionar e estar com o fundamento de nosso ser. Essa palavra, tendo tocado nossa mente e nosso coração, agora nos leva a um repouso tranquilo no Amado. E, como qualquer um que já esteve apaixonado sabe, as palavras agora são muito menos necessárias. Essa é uma oração de presença compartilhada, uma oração de simplesmente estar com Deus.

Repare que voltamos a falar de amor. Isso não é coincidência, uma vez que Deus é amor e estamos falando de uma forma de oração que envolve estar naquele que é conhecido como amor. Pense nisso como algo semelhante a ler uma carta de amor[1]. Imagine a experiência

---

[1] Tiro essa analogia de FINLEY, JAMES, *Christian Meditation. Experiencing the Presence of God*, New York, HarperOne, 2004, que a usa para contrastar meditação e contemplação.

de ausência daquele que você ama mais profundamente e, depois, imagine-se sentando-se para ler uma carta dessa pessoa. Você lê essa carta com grande atenção como uma maneira de ficar mais perto daquele cujas palavras tocam seu coração. Enquanto lê, pode ser que você faça uma pausa, para não apressar a experiência. O que você busca ao ler a carta não são simplesmente palavras ou informações, mas contato com a pessoa amada. E, assim, além de estar atento às palavras, você também pondera sobre a experiência que elas evocam. As palavras iniciam um devaneio de amor e você abre espaço para que isso se desenvolva. Enquanto saboreia esse devaneio, é como se quem escreveu a carta de repente entrasse na sala. Seu coração fica instantaneamente cheio de alegria. Você está sem fala. Seu abraço diz tudo que precisa ser dito enquanto você desfruta a experiência de presença compartilhada e comunhão. E pode ser assim também com Deus.

Geralmente chamada de "oração contemplativa", essa maneira de estar com Deus em comunicação sem palavras infelizmente é associada a muitas ideias equivocadas. Às vezes é apresentada em termos bastante elitistas, que sugerem que todas as outras formas de oração são insignificantes ou imaturas. Com frequência, seu ensino é confuso e obscuro. Lembro-me bem de minha própria perplexidade na primeira vez que li sobre oração contemplativa, enquanto tentava entender as distinções entre contemplação adquirida e infundida, contemplação positiva e negativa, contemplação ativa e passiva, e muito mais. Portanto, antes de examinarmos mais detalhadamente o que a oração contemplativa é e não é, talvez seja útil começar pelo conceito de contemplação.

Contemplação

Para entender a contemplação, pense em olhar para um céu estrelado em uma noite escura e sem nuvens. Repare em como você olha para as estrelas. A menos que você seja um astrofísico ou um entusiasta da astronomia, seu olhar provavelmente não é analítico. Provavelmente envolva mais admiração do que análise. Seu mar inquieto de pensamentos agitados é aquietado por um momento. Você está maravilhado. Em vez de tentar entender o que está vendo, você simplesmente se abre para algo que está dentro de sua visão, mas além de sua compreensão. O grande rabino judeu Abraham Heschel descreve desta maneira: "A emoção em nosso coração ao observar o céu estrelado é algo que nenhuma linguagem pode descrever. O que nos atinge com um espanto insaciável não é o que apreendemos e somos capazes de transmitir, mas aquilo que está ao nosso alcance, mas além de nossa compreensão — o inefável"[2].

A contemplação é uma forma de abrirmos nosso eu para o inefável: para algo que está além de nós e para o qual olhamos com espanto. É ver pelos olhos da admiração, em lugar da razão. Poderíamos dizer que é ver com os olhos de uma criança, já que a contemplação é uma forma de conhecer com que as crianças estão muito familiarizadas, ainda que seja esquecida pela maioria dos adultos. As crianças sabem ficar maravilhadas com as coisas pequenas e comuns de seu mundo e ver o que elas contêm de especial. Quando criança, você sabia como se abrir para o mundo e se envolver com ele de uma forma desimpedida de pensamento e fala. Você sabia se permitir ser capturado por alguma coisa e não apenas pensar nela. Sabia como deixar que ela a alcançasse, em vez de você a alcançar[3]. E sabia se manter sem palavras com o que quer que estivesse prendendo sua atenção. Esse conhecer por meio da admiração que vem tão naturalmente para as crianças é parte importante da razão de Jesus ter exortado seus seguidores a serem como criancinhas.

---

2 HESCHEL, ABRAHAM, citado em *Man Is Not Alone. A Philosophy of Religion*, New York, Farrar, Straus & Giroux, 1976, 13.
3 Na contemplação, nós abdicamos de nossa necessidade de sujeitar a experiência à análise e reduzi-la a proposições. Diferente da meditação, que é baseada em pensamento e em que tentamos encaixar o que quer que encontremos em nosso arcabouço de entendimento, na contemplação nós simplesmente permanecemos em admiração e espanto, permitindo que, mais tarde, nosso entendimento se ajuste ao que tivermos encontrado.

A contemplação é abertura sem palavras para aquilo que experimentamos. Gerald May descreve isso como "uma apreciação desembaraçada da existência, livre de preocupações, preconceitos e interpretação"[4]. Isso é o que experimentamos naquela noite estrelada, quando, em vez de ver o céu pelas lentes de nossos pensamentos e compreensão, nós o encontramos muito mais diretamente, simplesmente como ele se apresenta a nós.

Contemplação como oração

Temos uma indicação de como isso se torna oração quando percebemos que a palavra *contemplação* tem três componentes: um prefixo (*con*), uma raiz (*templa*) e um sufixo (*ção*)[5]. A raiz da palavra — *templa* — vem da palavra latina *templum*. Nos tempos romanos, o *templum* era um segmento específico dos céus, o lugar onde Deus morava. O templo terrestre era, claro, o lugar para onde se ia para comungar com Deus e experimentar a presença dele. Portanto, *templa* é o lugar onde Deus habita. O sufixo — *ção* — significa um estado de ser ou um estado duradouro. Todos nós os temos. Pode ser um estado de ansiedade, ceticismo ou esperança, mas as Escrituras e o testemunho dos santos nos mostram a possibilidade de que também pode ser um estado de consciência da permanência em Deus. Talvez você conheça momentos ocasionais da presença amorosa de Deus. Mas talvez se pergunte como poderia viver mais constantemente nessa comunhão e consciência bem-aventurada. Isso nos leva ao prefixo — *con* —, que significa "com". Ele fala imediatamente ao desejo plantado em nosso espírito de permanecer com Deus. É claro que podemos resistir a esse desejo de entrega e permanência, mas essa resistência (que os teólogos chamam tradicionalmente de "pecado") aponta para o desejo subjacente e não teria sentido sem ele. A resistência é secundária. O desejo de união com Deus é primário.

---

4 MAY, GERALD, *Will and Spirit*, New York, Harper & Row, 1983, 25.
5 PENNINGTON, M. BASIL, comunicação pessoal, 13 de outubro de 2003.

Juntando essas três palavras, vemos que contemplação é permanência com Deus. Ela está fundamentada em um relacionamento e é uma forma de conhecimento que ocorre no contexto desse relacionamento. É assim que a contemplação se torna oração contemplativa. Ela é um conhecimento que vem de estar com e em Deus. Independentemente de qualquer consciência de estar em relacionamento com Deus, podemos, claro, contemplar as estrelas, um poema ou um problema. Mas a base de toda contemplação é nosso ser, que está em Deus. A contemplação se torna oração quando oferecemos nossa atenção aberta com confiança na realidade de nosso ser em Deus. Torna-se oração quando abrimos nossos olhos e coração não apenas para o mundo que nos cerca, como também para Deus que está nele e que o sustenta.

A oração contemplativa é abertura confiante e sem palavras para o Deus que habita no centro do nosso ser e no centro do mundo. É a abertura de nosso corpo, mente e coração para o Mistério último, que não pode ser captado por palavras ou pensamentos, mas em quem habitamos e que habita em nós. É uma abertura confiante para o Deus em quem permanecemos, em quem temos o nosso ser. É por isso que a descrevo como uma oração de ser.

Estou profundamente consciente, no entanto, de como essas palavras comunicam mal o mistério que está contido nessa forma de oração. O que significa estar com Deus? E como é essa oração de ser? A linguagem literal não é muito útil para responder a essas perguntas. Felizmente, no entanto, essa não é a linguagem usada por aqueles que mais conhecem a oração contemplativa. Quando eles falam sobre a experiência de estar com Deus em oração, usam uma linguagem muito mais imaginativa ou figurativa. Raramente oferecem algo que corresponda a uma definição. Em vez disso, eles nos oferecem imagens e metáforas — imagens em palavras que evocam associações internas, as quais nos conectam a uma riqueza que a linguagem literal jamais pode comunicar.

Ouça, portanto, a maneira como místicos cristãos descrevem essa oração de ser. Leia cada item lentamente, com seus sentidos, imaginação, coração e mente abertos. Saboreie-os, reparando naqueles que tocam seu espírito.

Oração contemplativa é

- um sentimento cego de seu próprio ser, que se estende para Deus (*A nuvem do não saber*);
- pender no fio de Amor puro de Deus (Catarina de Gênova);
- comunhão contínua por meio de todas as coisas, simplesmente fazendo tudo na presença da Santíssima Trindade (Elisabete da Trindade);
- o mundo se tornando luminoso a partir de nosso interior, quando mergulhamos ofegantes na atividade humana (Pierre Teilhard de Chardin);
- despertar para a presença de Deus, em amor, no coração humano e no universo (Dom Bede Griffiths);
- repousar em Deus (Gregório Magno);
- vigília divina com intuição pura e simples (Gregório de Nissa);
- a mente roubada de si mesma pela doçura inefável da Palavra (Bernardo de Claraval);
- presença amorosa para o que é (anônimo);
- compreensão correta, com anseio verdadeiro, confiança absoluta e atenção plena e doce que oferece a graça (Juliana de Norwich);
- a atenção amorosa, pura e permanente da mente às coisas de Deus (Francisco de Sales);
- ver através das coisas exteriores e ver Deus nelas (Thomas Merton)[6].

Repare a frequência com que místicos cristãos mencionam a qualidade de ver e conhecer que essa forma de oração envolve. Ela é ver o que realmente é, ver o que é incognoscível pelas faculdades e sentidos normais. É um conhecimento que surge no amor — que surge de saber que estamos em Deus e Deus está em nós e conosco no amor. É um saber que muda tudo. Conhecendo a presença amorosa de Deus para

---

[6] Esta lista é tirada de citações sobre vida e oração contemplativas, apresentadas pelo Shalem Institute for Spiritual Formation (www.shalem.org/format/quote).

nós, somos agora capazes de oferecer a presença amorosa a outros — na verdade, a tudo que existe. Estar em quietude diante dessa presença constante e segura nos permite, então, mergulhar ofegantes no mundo com um envolvimento apaixonado, uma vez que ser e fazer são ambas dimensões importantes de ser humano.

Além das palavras

Antes de darmos esse mergulho, repare, porém, na quietude que existe nessa oração de presença contemplativa para Deus. Essa é a quietude do simples estar — estar com Deus no amor. Isso nos lembra da possibilidade de comunhão na presença sem palavras. Estar com Deus não depende de palavras. Como já comentamos, quando alguém é conhecido no amor, as palavras se tornam cada vez menos necessárias para manter a presença para o outro. Os amantes aprendem a simplesmente estar um com o outro. Isso é exatamente como podemos estar com Deus. A intimidade exige que a conversa seja contrabalançada com uma abertura atenta em silêncio, e só quando isso acontece começamos a conhecer a comunhão mais profunda da presença compartilhada que não depende mais das palavras. Isso é oração contemplativa em sua forma mais simples e pura. Palavras são desnecessárias, e até mesmo distrativas. De tempos em tempos, pode haver palavras, mas elas não são o centro da comunicação. Esse centro é a abertura no amor. Isso faz com que a comunicação continue mesmo quando as palavras são poucas e espaçadas.

O objetivo da oração contemplativa não é a eliminação de pensamentos ou palavras, mas sim a abertura para Deus, estar com Deus. Contudo, pensamentos e palavras não podem nos levar a Deus ou Deus a nós. Só a fé pode fazer isso. Nossa parte é simplesmente o que João da Cruz chamou de "receptividade amorosa passiva": inclinar-se para Deus com fé, anseio, abertura e amor[7]. É pela graça de Deus que

---

[7] JOHN OF THE CROSS, *Dark Night of the Soul*, New York, Image, 1959.

entramos em relacionamento com o divino, não por meio de qualquer coisa que façamos ou não. Nossa parte é simplesmente abertura na fé. A oração contemplativa não é a suspensão da ação ou a eliminação de pensamentos ou palavras, mas voltar-se para Deus com fé e abertura. O resto cabe a Deus.

Estar com Deus em abertura confiante e sem palavras não pode ser reduzido a um conjunto de técnicas. Há muitas abordagens para a oração contemplativa que foram praticadas ao longo da história da espiritualidade cristã. Cada uma oferece ricos recursos para o orante contemporâneo que deseja aprender a estar com Deus em quietude. Vou descrever apenas duas delas: a Oração de Jesus e a oração centrante. Como vamos descobrir, as palavras têm participação em ambas as orações. No entanto, em vez de proporcionar o conteúdo de nossa oração, elas comunicam nossa intenção. O conteúdo de nossa comunicação continua sendo a presença sem palavras.

A oração de Jesus

A mais antiga tradição cristã de oração contemplativa é a que tem sido o centro de minha vida pessoal de oração há vinte e cinco anos. Deus a colocou em meu caminho em um momento em que minhas orações haviam secado, porque tinham ficado em minha cabeça por tempo demais. Por tempo demais elas haviam sido resultado de meu esforço, a expressão de meu fazer. Em consequência, meu espírito estava árido e meus anseios por uma abertura mais profunda e um encontro com Deus eram intensos. Em meio a esse período de anseio, Deus me conduziu a um pequeno livro chamado *O caminho de um peregrino*[8]. Escrito por um russo anônimo do século XIX que procurou um monge da Igreja Ortodoxa Russa e pediu que ele o ensinasse como rezar, esse livro me apresentou a Oração de Jesus — "Senhor Jesus Cristo,

---

8 *The Way of a Pilgrim*, trad. H. Bacovcin, New York, Doubleday, 1985. (Ed. bras.: *O caminho de um peregrino*, trad. Alyda Christina Sauer, Rio de Janeiro, Rocco, 2003.)

Filho de Deus, tende piedade de mim, pecador!"[9]. Como o peregrino, comecei a repetir essa oração diversas vezes ao longo do dia. No começo, eu estava muito consciente de que estava fazendo algo, não apenas sendo. Estava bastante consciente de meu esforço para continuar repetindo as palavras dessa oração, voltando a essa tarefa sempre que percebia que havia parado de rezar as palavras e me desviado para outra coisa. Mas, conforme o fazia, a oração logo começou a emergir de um lugar mais profundo dentro de mim e não era mais simplesmente resultado de meu esforço. Ela havia começado a mergulhar de minha mente para meu coração, da consciência para o meu inconsciente.

Conforme continuei a aprender mais sobre essa oração pela leitura e pelo trabalho com um orientador espiritual, comecei a coordenar as frases da oração com minha respiração:

"Senhor Jesus Cristo, Filho de Deus" — inspiração
"Tende piedade de mim, pecador!" — expiração

Essa foi uma maneira poderosa de permitir que a oração penetrasse ainda mais fundo em meu ser. Então eu realmente comecei a conhecê-la como uma oração de ser. Foi como se a oração começasse a rezar a si própria. Sempre que estou livre de distrações, a oração começa a emergir sincronizada com minha respiração. Não mais apenas uma oração mental, ela se torna uma oração corporal ou, como eu às vezes penso nela, uma oração da respiração.

Então, como o autor peregrino do livro, comecei a rezar a Oração de Jesus enquanto caminhava. Ele levou isso muito mais longe que eu. O livro é seu diário, que registra sua experiência com Deus durante suas caminhadas de peregrinação por toda a Rússia. Eu ando muito menos do que ele, mas minha prática e experiência foram bem pareci-

---

[9] A melhor introdução à oração de Jesus é GILLET, LEV, *The Jesus Prayer*, New York, St. Vladimir's Seminary Press, 1987. Simples, mas profundo, esse pequeno livro examina a teologia, a psicologia e as implicações espirituais de invocar o nome de Jesus, e mostra como, quando o fazemos, Jesus pode se tornar o centro integrador de nosso ser.

das com as dele. Enquanto caminho, simplesmente deixo que a oração se encaixe com minha respiração. Quando minha respiração acelera, percebo que a oração começa a desacelerar. Nesses pontos, sem esforço, surge um novo ritmo de respiração e oração:

"Senhor Jesus Cristo" — inspiração
"Filho de Deus" — expiração
"Tende piedade de mim" — inspiração
"Pecador!" — expiração

Na maior parte do tempo, porém, não tenho consciência de estar rezando. Não preciso mais nem começar a orar quando caminho. Assim que começo a andar, simplesmente percebo a oração emergindo de dentro de mim. Ela é agora a oração do Espírito. Meu papel é apenas permitir que o Espírito ore através de mim, enquanto passo tempo com Deus. Isso não é mais algo que eu faço. Tornou-se algo que Deus faz em mim.

Como a oração não é minha, não faço nenhuma exigência quanto à forma que ela assume. Ocasionalmente, ela surge como uma música. Sem intenção, de repente percebo que estou cantando, quase sempre em silêncio, as palavras da oração em uma melodia que geralmente não conheço, mas que o Espírito obviamente me deu para aquele momento. Outras vezes, encontro toda a oração reduzida a uma ou duas de suas frases. Isso costuma envolver uma repetição, ainda coordenada com a minha respiração, de "Senhor, tende piedade!". Outras vezes, ela é resumida a uma única palavra, "Senhor". Não faço nenhum esforço para orar ou para manter meus pensamentos focados em Deus. Assim que percebo que estou pensando em alguém ou algo, simplesmente libero esse pensamento com a próxima repetição de "Senhor, tende piedade!". Elevo quem ou o que tiver vindo à minha mente para Deus e deixo a pessoa ou situação lá. Minha oração é um pedido de piedade, um pedido para que Deus abençoe essa pessoa ou situação. Eu apenas digo "Senhor, tende piedade!" e solto aquilo em que estava pensando, retornando à quietude diante de Deus. E permito que o Espírito continue orando através de mim.

Você não precisa ser um cristão ortodoxo oriental para se apossar dessa oração, nem orar enquanto caminha ou fazer qualquer esforço para coordená-la com sua respiração. Apenas a deixe tomar em você a forma que for o dom do Espírito. Ao fazer isso, perceberá por que a Oração de Jesus é tão valorizada na Igreja Ortodoxa oriental. Sou profundamente grato a Deus por essa parte de nossa família cristã ter preservado essa rica tradição de oração para nós, tornando-a disponível para aqueles de nós que anseiam por se abrir a Deus em uma oração de ser.

A Oração de Jesus é apropriadamente descrita como uma oração de mantra (que significa uma oração baseada na repetição de uma palavra ou frase curta), da qual existem vários outros exemplos cristãos famosos. Mantras são simplesmente palavras ou frases de intenção sagrada que concentram a mente e invocam a presença divina. Na oração cristã, a frase repetida é com frequência, como na Oração de Jesus, extraída da Escritura[10]. Mas isso não é essencial, e há muitas frases curtas possíveis que podem ser construídas e oferecidas como oração cristã, porque são oferecidas a Deus com fé e abertura, a fim de aprofundar essa fé e abertura. São Francisco pedia que seus discípulos rezassem "Meu Deus e meu tudo", repetindo isso continuamente até que emergisse como uma oração do coração e do espírito. O padre John Main, criador de uma tradição de oração chamada "meditação cristã", recomenda um uso semelhante da palavra *Maranatha* (Vem, Senhor Jesus!).

Qualquer frase curta é adequada. Conheço muitas pessoas que desenvolveram as suas próprias frases, com base em sua própria tradição espiritual ou teologia pessoal. Alguém me disse recentemente que sua frase de oração era "O Senhor é meu pastor". Outra pessoa que conheço usa uma frase de sua própria composição: "Profundamente amado por Deus". O mantra simplesmente ajuda a concentração, permitindo-nos ir além de pensamentos, até mesmo de pensamentos sagrados. Lembre-se: o objetivo é passar um tempo em quietude

---

10 A Oração de Jesus é baseada na oração do publicano: "Senhor, tem compaixão de mim que sou pecador", registrada em Lucas 18,10-14.

e abertura, sem palavras com Deus, sem pensar em Deus. Esse não é o momento de meditar sobre a sua frase. É o momento de usá-la como uma forma de deixar de lado seus pensamentos e apenas estar presente para o Deus que está presente para você.

Oração centrante

Enquanto a Oração de Jesus envolve focar a atenção por meio da repetição de uma palavra de oração, a outra grande tradição da oração contemplativa cristã, a oração centrante, baseia-se simplesmente em liberar qualquer pensamento que entre na mente. Thomas Keating chama isso de "oração de intenção, não atenção"[11]. Ela começa com uma intenção de estar totalmente aberto para Deus. Quando isso está presente, tudo que devemos fazer, então, é oferecer nosso consentimento para a presença e ação de Deus dentro de nós em qualquer forma que ela surgir[12].

As origens da oração centrante também são antigas. A tradição oral a faz remontar ao padre do deserto do século IV, João Cassiano. Sua expressão escrita mais antiga e clara é encontrada no texto medieval do século XIV *A nuvem do não saber*[13]. A essa altura, ela havia se tornado uma tradição de oração importante na vida monástica da Igreja ocidental. Foi, no entanto, só no século XX que seu uso se difundiu pelo público leigo, o que ocorreu em grande medida pelos escritos e ensinamentos de dois monges cistercienses: Basil Pennington e Thomas Keating[14].

---

11 KEATING, THOMAS, *Open Mind, Open Heart. The Contemplative Dimension of the Gospel*, New York, Continuum, 2000, 39. (Ed. bras.: *Mente aberta, coração aberto*, trad. Milton Camargo Mota, São Paulo, Loyola, 2005.)
12 BOURGEAULT, CYNTHIA, *Centering Prayer and Inner Awakening*, Cambridge, Mass., Cowley, 2004, 24-25.
13 *The Cloud of Unknowing*, trad. James Walsh, New York, HarperCollins, 1981.
14 Ver PENNINGTON, BASIL, *Centering Prayer. Renewing an Ancient Christian Prayer Form*, New York, Image Books, 2001. (Ed. bras.: *Oração centrante*, trad. Neusa Maria Valério, São Paulo, Palas Athena, 2002.); KEATING, THOMAS, *In-*

A oração centrante não pode ser reduzida a um método, mas existe um modelo para sua prática. Esse modelo pode ser resumido em duas frases curtas:

> Esteja com Deus dentro de você.
> Use uma palavra de oração para permanecer e voltar[15].

Para expandir isso um pouco, vou organizar a prática em torno de quatro diretrizes que considero úteis: (1) selecione uma palavra de amor ou uma palavra de oração para Deus, (2) sente-se relaxado e quieto, (3) volte sua atenção para o Senhor presente dentro de você, e (4) sempre que tomar consciência de qualquer coisa, retorne tranquilamente para o Senhor com sua palavra de oração.

1. Comece selecionando uma palavra que o conecte com o Senhor no amor ou que o faça lembrar de sua intenção. Esta pode ser um nome favorito para Deus (*Abbá*, Senhor, Jesus, Pai, Amor etc.), ou pode ser simplesmente uma palavra que o abra para Deus ou o lembre da razão de estar fazendo o que está fazendo (*confiar, quietude, abrir* ou *soltar*). Não se preocupe se demorar algum tempo para você se decidir sobre essa palavra. Mas, depois que o fizer, deixe que essa seja a sua palavra de oração. Ela não é um talismã mágico que produzirá um efeito espiritual desejado. A palavra em si é neutra. É a sua intenção que a torna sagrada.
2. Depois, enquanto você se acomoda em quietude, ofereça uma breve oração com palavras, pedindo ajuda e declarando sua intenção de estar presente para o Deus que está presente para você no amor.
3. Agora volte seu coração para Deus. Esteja aberto com fé e amor para aquele que habita no centro do seu ser. Você não precisa

---

vitation to Love. The Way of Christian Contemplation, Snowmass, Colo., St. Benedict's Monastery, 1992. (Ed. bras.: *Convite ao amor. O caminho da contemplação cristã*, São Paulo, Loyola, 2005.)
15 PENNINGTON, *Centering Prayer*, xvi.

fazer nada para obter a atenção ou o amor de Deus, nem mesmo pensar ou falar com Deus. Simplesmente esteja com Deus no amor.

4. Quando perceber que está pensando em algo, o que quer que seja, diga calmamente sua palavra de oração uma vez, como forma de soltar o que quer que esteja em sua mente e voltar a estar com Deus em quietude. Não continue repetindo a palavra como um mantra. Apenas permita que essa única expressão dela o afaste da distração e o leve de volta para o Senhor. Repare que até mesmo pensamentos sobre Deus contam como distrações. Este não é o momento de pensar em Deus. É o momento de apenas estar aberto para Deus e com Deus.

A maioria dos mestres da oração centrante sugere sessões centrantes diárias de vinte minutos. Acho que, ao iniciar a prática, cinco a dez minutos costumam ser suficientes. Como acontece com qualquer forma de oração contemplativa, é importante primeiro encontrar um lugar onde você possa ficar em silêncio e sem interrupções. Embora seja difícil desenvolver a prática da oração sem algum grau de silêncio e solidão, depois que a oração se tornar sua você verá que é perfeitamente possível centrar-se na presença de Deus mesmo estando no fluxo de um dia movimentado. Basta respirar fundo, oferecer sua palavra de oração e se soltar do turbilhão dentro de você, enquanto se permite mergulhar na presença amorosa de Deus.

Lembro-me de uma mãe de duas crianças em idade pré-escolar que me disse certa vez como era grata a Deus por ter cultivado a prática da oração centrante antes do nascimento de seus filhos, porque não imaginava como encontraria naquele período um espaço para fazer isso. No entanto, disse ela, ainda conseguia encontrar momentos diários para praticá-la de forma truncada, pondo-se rapidamente na presença amorosa de Jesus e colocando todo o estresse e aflições que carregava nas mãos dele. Esses momentos, disse ela, eram o que lhe permitia manter sua sanidade, apoiando-a na presença de Deus.

A teologia da oração centrante é entrega e autoesvaziamento (*kenosis*)[16]. O autoesvaziamento é, claro, visto com mais clareza em Jesus. Lembre-se do hino citado por Paulo em seu ensinamento sobre humildade (Fl 2,5-8):

> Tende em vós os mesmos sentimentos que foram os de Cristo Jesus. Ele, embora subsistindo como imagem de Deus, não julgou como um bem a ser conservado com ciúme sua igualdade com Deus, muito pelo contrário: ele mesmo se reduziu a nada, assumindo condição de servo e tornando-se solidário com os homens. E sendo considerado homem humilhou-se ainda mais, fazendo-se obediente até a morte, e morte de cruz!

A oração centrante é a prática desse tipo de esvaziamento. É se soltar de todas as coisas que ancoram nossa identidade em nosso diálogo interior, pensamentos, devaneios e fantasias. É a prática da entrega. Mas, como é um ato de entrega a uma pessoa, é relacional. Não é simplesmente uma técnica mental. É oração, uma oração de estar com Deus em uma abertura confiante e sem palavras de si mesmo.

O que esperar

Nada pode arruinar mais a oração do que expectativas inadequadas. Isto é particularmente verdadeiro para a oração contemplativa.

Não confunda oração contemplativa (ou qualquer oração) com experiência. Você pode ter uma experiência mística de união com Deus ou uma sensação extática da presença divina, mas a maioria das pessoas que oram contemplativamente pela vida inteira não experimenta isso. O que não significa que fizeram algo errado. A essência da oração contemplativa não é uma experiência de Deus, mas simplesmente passar tempo com Deus. Nós arruinamos a oração se ficamos constantemente examinando o que estamos obtendo dela. Cynthia

---

16 Ver o capítulo oito de *Centering Prayer*, de Bourgeault, para um excelente material sobre a teologia da oração centrante.

Bourgeault nos lembra de que "o que acontece nessas profundezas silenciosas durante o tempo de Centramento não é da conta de ninguém, nem mesmo sua; é entre o seu ser mais íntimo e Deus"[17]. Portanto, tanto quanto você puder, ignore o que está acontecendo. A única coisa a buscar na oração contemplativa é Deus. Procure não pensar no silêncio como um recipiente vazio em que Deus derrama conteúdo. Em vez disso, aceite o silêncio como uma forma de comunicação em si. Thomas Keating nos lembra de algo há muito ensinado por místicos cristãos, quando afirma que "o silêncio é a primeira linguagem de Deus; tudo mais é uma tradução deficiente"[18]. Para aprender essa linguagem, temos que aprender a ficar quietos e repousar em Deus. A oração contemplativa é a escola de línguas de Deus: o lugar onde aprendemos a linguagem do silêncio de Deus e também o verdadeiro repouso espiritual.

O que você deve esperar alcançar com a oração contemplativa? Se você está tentando usá-la para relaxamento ou tranquilização mental, deve esperar fracasso e frustração. Assim que os pensamentos são libertados, novos pensamentos logo entram para preencher o vácuo produzido pelo silêncio. Embora isso lhe ofereça a dádiva de oportunidades infinitas para praticar a entrega, será muito exasperante se você estiver usando a oração contemplativa como uma forma de alcançar a serenidade interior. Porém, conforme você continuar a libertar esses pensamentos, deve esperar receber a dádiva do crescimento nas virtudes e o fruto do Espírito, bem como um encontro transformacional com Deus e com você mesmo. O objetivo é Deus, não crescimento. Mas qualquer encontro genuíno com Deus envolve um encontro consigo mesmo e, quando ocorre dentro da prática regular da oração contemplativa, isso muda você profundamente.

O convite à oração contemplativa é um convite para percorrer o caminho da fé pura — um caminho que exige que perseveremos em nos colocar à disposição de Deus em quietude e silêncio, sem nos

---

17 BOURGEAULT, *Centering Prayer*, 6.
18 KEATING, *Invitation to Love*, 90.

preocuparmos com o que estamos obtendo disso. Thomas Keating gosta de dizer que não temos que sentir, mas sim praticar. Essa prática é simples, mas extremamente exigente. As exigências, no entanto, não são o que você poderia esperar. O que ela requer não é tanto determinação, mas fé. Sim, precisamos decidir abrir espaço para Deus. Mas o verdadeiro desafio é seguir o caminho da fé escura que a oração contemplativa exige; escura porque precisamos caminhar sem ver. O que encontramos na oração contemplativa não pode ser visto pelas faculdades naturais, mas só pela fé. A oração contemplativa, como toda oração, exige fé. Sem fé, ela não seria oração!

Cultivar o ser orante

A oração contemplativa não deve ser empreendida como um projeto de autoaperfeiçoamento espiritual, nem ser explorada simplesmente por curiosidade. Permita que os anseios o guiem nessa prática e depois confie que o Espírito, que é a fonte desses anseios profundos, guiará o processo.

Se você deseja uma intimidade mais profunda com Deus — não apenas elevações espirituais mais intensas, mas o conhecimento genuíno de Deus que vem de estar com ele em quietude —, considere isso um convite à oração contemplativa, que foi posto em seu espírito pelo Espírito de Deus. Seu trabalho agora é simplesmente abrir espaço para Deus em quietude. Talvez você já esteja abrindo espaço intencionalmente para Deus, mas preenchendo-o com palavras e atividades. O espaço contemplativo é mais aberto do que esse tipo habitual de espaço instrumental em que tentamos realizar algo, ainda que algo espiritual. Minha esposa gosta de descrever a oração contemplativa como perder tempo com Deus. Não espere resultados. Apenas dedique períodos regulares de tempo — diariamente, se possível, ou, se não, regularmente — para Deus em quietude e presença sem palavras, para o Deus que está presente para você.

Vou oferecer três sugestões sobre como usar esse tempo.

1. Comece com a *lectio divina* (conforme explicado no capítulo três). Lembre-se do ritmo básico dessa dança com o Espírito: silêncio e a Palavra. Pegue aquele pequeno trecho da Escritura e escute a palavra de Deus para você neste dia. Essa é uma excelente maneira de entrar na oração contemplativa. Fique atento, pondere, responda, depois simplesmente esteja com Deus em repouso e amor.

2. Quando sua prática da *lectio* estiver estabelecida, considere acrescentar a Oração de Jesus. Nos primeiros meses, ofereça essa oração em quietude física,

não enquanto caminha. Não faça nenhum esforço para coordená-la com sua respiração. Apenas repita a oração sem pressa pelo tempo que você tiver reservado. Comece com dez minutos todos os dias, talvez no fim de sua *lectio divina*. Ou, se você se sentar para tomar um chá ou café sozinho em algum momento durante o dia, faça desse o seu tempo para a Oração de Jesus. Seja gentil consigo mesmo quando perceber que sua mente se desviou e que você estava novamente pensando em uma coisa ou outra. Em vez de perder tempo e energia se repreendendo, apenas diga sua palavra de oração e volte à oração. Esteja preparado para o fato de que, durante algum tempo, isso vai mesmo parecer uma prática, com frequência pelo menos por um mês de uso diário. Mas, conforme a prática avança, ela acabará recuando para o pano de fundo e se tornará uma base durável para seus encontros sem palavras com Deus, em quietude.

3. Se, depois de algumas semanas, a Oração de Jesus estiver se tornando um lugar rico de quietude diante de Deus, continue seu uso e não se distraia pensando em acrescentar a oração centrante. Se, entretanto, ela não parecer ter ajudado você a estar com Deus, deixe-a de lado por enquanto e tente a oração centrante. Algumas pessoas encontram em uma delas uma maneira profundamente natural de estar com Deus, mas não na outra. Nunca tente desenvolvê-las ao mesmo tempo e tenha cuidado para não ser excessivamente obstinado em encarar qualquer uma delas como um projeto. Tentar fazer a oração contemplativa funcionar para você só porque ela parece interessante ou porque você conhece alguém para quem ela está sendo uma bênção, sempre o levará à frustração. Após uma introdução a uma ou outra delas, apenas espere que o Espírito o convide a explorar uma ou outra como um modo de estar com Deus. Mas também esteja aberto à possibilidade de que a maneira de você estar aberto para Deus em quietude e presença assuma a sua própria forma única.

Como qualquer oração, não existe uma forma correta que a oração contemplativa deva tomar. Conheço pessoas que apenas ficam sentadas em quietude com uma vela acesa ou música tocando, e essa é a face externa de sua presença interior para Deus. Outros acham que esse tempo de estar com Deus acontece melhor enquanto limpam a casa, trabalham no quintal ou cuidam de outras tarefas rotineiras. O irmão Lawrence cultivava a quietude e o repouso na presença de Deus enquanto lavava os pratos[19]. Conheço muitas pessoas, mulheres e homens, que consideram fazer tricô ou bordado um contexto extremamente rico para a oração contemplativa. Conheci outros que me disseram que se sentem mais confortavelmente repousando na presença de Deus quando fazem palavras cruzadas ou

---

19 BROTHER LAWRENCE, *Cultivating the Presence of God*, Grand Rapids, Revell, 1967.

se ocupam de algum trabalho em uma oficina na garagem ou no porão. A oração contemplativa não requer isolamento ou inatividade. Tudo que ela requer é estar com Deus em quietude interior, sem palavras.

O importante na oração contemplativa é não reduzi-la a uma técnica ou método. Há coisas que você pode fazer para manter uma postura de quietude repousante com Deus, mas não se deixe distrair com elas. Em sua essência, isso é muito mais uma questão de se soltar do que fazer algo. Talvez você encontre elementos úteis na Oração de Jesus ou na oração centrante, mas descubra sua própria adaptação específica que vem a você como uma dádiva do Espírito. Agradeça a Deus por isso e não se preocupe em ser purista. Lembre-se de que o objetivo é estar com o Mestre, não dominar uma prática.

8

Vida como oração, oração como vida

A esta altura, deve estar evidente que a oração é muito mais do que rezar. O que geralmente pensamos como rezar, isto é, oferecer uma oração com palavras, é, obviamente, uma parte importante da oração. Na verdade, é uma parte essencial dela. A oração de atenção, ponderação ou ser que não tivesse nenhuma comunicação perderia rapidamente seu significado como oração. A oração com palavras nos lembra de que a oração é pessoal e relacional. Isso é o que a diferencia de técnicas de meditação destinadas a nos ajudar a alcançar a iluminação ou outros resultados psicológicos ou espirituais. Mas, se não avançarmos além das palavras, a oração e nosso relacionamento com Deus acabarão ficando cansativos e estagnados.

Durante décadas, separei fielmente um tempo quase diário para ler a Bíblia e orar. Agradeço a Deus por essa prática e pelos pais e a igreja que a incentivaram. Mas em certo momento, eu diria mesmo inevitavelmente, isso acabou chegando a um ponto em que não passava de uma disciplina um tanto sem sentido. Em vez de subir de um coração que ansiava por estar com Deus, ela surgia de uma vontade obstinada e orgulhosa de fazer o que me havia sido ensinado como dever. Agradeço a Deus por isso ter acabado se tornando enfadonho e entediante. Caso contrário, eu poderia não ter percebido o anseio de um conhecimento mais profundo de Deus que essa prática estava mascarando. Parte desse anseio era um desejo de experimentar uma integração mais profunda dentro do meu ser, para que as partes espirituais e não tão evidentemente espirituais ficassem mais bem conectadas e para que as partes espirituais pudessem sair do compartimento em que haviam estado contidas tão bem. Eu ansiava por ter um relacionamento com Deus que fosse parte de minha experiência ao longo do dia, independentemente do que eu estivesse fazendo — independentemente de eu estar ou não pensando em Deus, orando ou fazendo alguma coisa religiosa ou espiritual.

Oração como relacionamento

A oração que é reduzida a técnica ou disciplina deixa seriamente de perceber que, antes de mais nada, a oração expressa um relacionamento entre nós e Deus. E lembre-se do que Jesus disse sobre a natureza desse relacionamento. Ele disse que éramos seus amigos, não seus servidores (Jo 15,15). Somos, de fato, íntimos dele, seu círculo pessoal de amigos, aqueles de quem ele não esconde nada que é bom, transmitindo-nos tudo que recebe de seu Pai. É à presença desse amigo em nossa vida e em nosso mundo que nos sintonizamos quando oferecemos orações de atenção. É a esse amigo que oferecemos orações de ponderação, resposta e ser.

Amizade não é algo que fazemos. É algo que podemos comemorar, agradecer, honrar e acolher, mas ela nunca pode ser reduzida a obrigações ou comportamento. Nem a oração deve ser diminuída dessa maneira. Oração é comunhão com nosso Amado. É estar apaixonado, vivendo nossa vida sobre a base de nosso estar em Deus. E é isso que torna possível que toda a vida seja oração.

Toda a vida é, de fato, vivida em relação com Deus. Viver separado de um relacionamento com Deus é tão impossível para um ser humano quanto sermos nossa própria origem. Mas o que faz da vida uma oração é o cultivo do conhecimento, consciente e inconsciente, de estar nesse relacionamento. Esse conhecimento começa com conhecimento consciente. O conhecimento consciente da presença de Deus no amor é a base da oração incessante. Aos poucos, esse conhecimento se infiltra no inconsciente, de modo a não precisarmos mais estar conscientes da presença de Deus para saber em algum lugar profundo que estamos em comunhão com nosso Amado o tempo todo, quaisquer que sejam as circunstâncias. A oração contemplativa é a principal maneira pela qual acontece essa infiltração no inconsciente. Estar com Deus apenas envolvendo palavras nos mantém em nossa própria cabeça e mantém o volume do ruído mental alto o bastante para interromper o desenvolvimento de um conhecimento mais profundo. Estar com Deus em quietude, sem palavras, permite que esse conhecimento profundo se desenvolva e que nossas orações de atenção, ponderação e resposta fluam desses lugares profundos.

Encontrar Deus em todas as coisas

A possibilidade de os humanos experimentarem o totalmente Outro transcendente está fundamentada no fato de que esse mesmo Deus também é imanente, para sempre conectado ao mundo material e às nossas experiências dentro dele. Cada experiência que temos envolve esse mundo em que Deus reside. Além disso, como Cristo está em nós, não simplesmente no mundo, cada experiência está ainda mais intimamente ligada a Deus. Na verdade, não é possível para um humano ter uma experiência de qualquer tipo da qual Deus não seja parte. Em vez de buscar a Deus em experiências religiosas ou espirituais, precisamos lembrar que ele está presente em toda a vida. Cada experiência humana tem a possibilidade de ser um encontro com Deus.

Se você não estiver acostumado a procurar Deus em todas as coisas e experiências, desconfio que essa noção de que Deus está presente em toda a vida possa parecer um pouco absurda. Você pode, por exemplo, pensar em experiências pessoais de injustiça ou sofrimento que fazem parecer ilógico tentar encontrar Deus nesses lugares. Mas, quando Deus parece ausente, somos nós que não estamos conseguindo ver, e geralmente isso acontece porque pensamos que Deus só habita lugares de luz e esquecemos que ele está também na escuridão. A judia holandesa Etty Hillesum encontrou Deus em meio aos horrores do cerco nazista aos judeus[1]. E, embora Jesus sentisse que Deus o havia abandonado nas horas de sofrimento no Getsêmani, sabia que seu Pai estava, de fato, presente quando se abriu a ele em oração.

Apesar do testemunho dos místicos que falam da possibilidade de ocasionais encontros místicos diretos com Deus, que parecem não ser mediados por outras experiências, normalmente o encontramos de maneiras mediadas: na Escritura, na Eucaristia, em outras pessoas, no meio de experiências da vida. Exatamente onde Deus se encontra na maioria das experiências pode estar longe de evidente, mas isso não deve nos cegar para a verdade de que Deus está, de fato, presente. Deve, antes, encorajar-nos a buscar o tipo de discernimento espiritual que nos permita ver o que realmente é.

O discernimento é importante devido à multidimensionalidade da experiência humana. Aprender a encontrar Deus em todas as coisas vem com a prática da atenção espiritual, mas também vem pelo discernimento. Isso nos traz de volta ao papel crucial do exame de consciência, algo que talvez você tenha começado a praticar depois de ler o capítulo quatro. Qualquer experiência pode ser examinada para descobrir a presença de Deus. Aprender a tomar consciência da presença de Deus em meio à nossa experiência cotidiana é saber que não estamos sós. É saber que Deus está realmente conosco. O que poderia ser mais abençoado do que isso!

Estar atento aonde Deus está nas circunstâncias de nossa vida é um modo valioso de permitir que nosso conhecimento da presença amorosa de Deus mova-se para as profundezas da alma, que fazem de toda a vida uma oração. Simplesmente perguntar "Onde Deus poderia estar nesta circunstância ou experiência?", na forma de uma oração de ponderação, nos abre para a atenção ao Espírito que revelará a presença de nosso Amado.

Certa manhã, recebi um *e-mail* de um amigo me contando que sua esposa havia sofrido um ataque cardíaco e passado por uma ci-

---

[1] HILLESUM, ETTY, *Etty Hillesum. An Interrupted Life — The Diaries, 1941-1943*, New York, Holt Paperbacks, 1996.

rurgia de coração aberto. Ele falou da profusão de medos que vinha sentindo e de suas ansiedades quanto ao futuro. Mas também falou de seu desejo de ver onde Deus estava nesses acontecimentos. Ele ousou confiar que Deus estava presente em sua vida, e isso significava que estava em algum lugar no meio dessas circunstâncias indesejáveis, acompanhando a ele e sua esposa e os conduzindo a novas coisas.

Perguntar onde Deus pode estar em circunstâncias indesejáveis é muito diferente de perguntar por que elas aconteceram. Essa pergunta é definitivamente irrespondível. Mas "Onde você estava, Deus, quando isso aconteceu?" e "Onde você está agora em minha experiência?" são perguntas que podem ser respondidas — não por mim, mas pelo Espírito. O Espírito de Deus é aquele que revela Deus para nós. Paulo ensina que o Espírito veio para nos ensinar a entender os dons que Deus nos deu (1Cor 2,12). Circunstâncias indesejáveis, como ataques cardíacos e outras formas de sofrimento, não são dons, mas elas podem conter um dom. Portanto, não pergunte simplesmente o que você deveria aprender com as circunstâncias. Em vez disso, ore para que o Espírito o ajude a discernir os dons de Deus que as circunstâncias contêm. A essência desse dom é a presença de Deus. Todo conhecimento dos dons de Deus começa com o conhecimento do Doador de todas as boas dádivas, e a presença amorosa de Deus é a base desse conhecimento. Assim, quando perguntamos, em oração de atenção e ponderação, "Onde você poderia estar nesta situação?", podemos ter certeza de que Deus revelará a resposta[2].

---

2 Seria possível perguntar como podemos ter certeza de que estamos, de fato, encontrando Deus. William Barry oferece uma exposição útil sobre essa questão complexa em seu livro *Spiritual Direction and the Encounter with God*, New York, Paulist, 1992. Ele diz: "fé e experiência reforçam-se mutuamente. Se eu não acreditasse em Deus, não o experimentaria, embora talvez tivesse que usar algumas racionalizações para explicar algumas de minhas experiências. Mas, como eu acredito em Deus, descubro em minha experiência mais do que à primeira vista pareceria estar lá e chamo esse 'mais' de Deus. A experiência reforça minha crença... Em outras palavras, o crente encontra Deus e conhece Deus antes de qualquer reflexão sobre a experiência e antes de realmente saber o que foi experimentado. Os discípulos na estrada para Emaús sentiram o coração

A oração de acolhida

A confiança é também a base da oração de acolhida, uma prática de oração que se desenvolveu em anos recentes como um desdobramento da oração centrante e é ainda uma maneira excelente de avançar para que toda a vida seja uma oração. A oração de acolhida fornece uma estrutura para responder à perturbação emocional que acompanha as experiências indesejáveis com um espírito de entrega. É, portanto, uma maneira muito prática de responder em oração às coisas que inevitavelmente acontecem na vida e que não escolheríamos naturalmente. Envolve um processo de três etapas: foco, acolhida e libertação[3].

Antes de podermos acolher uma emoção, precisamos trazê-la à consciência. Temos que enfrentá-la diretamente e senti-la como uma sensação em nosso corpo. Se, por exemplo, você estiver ansioso, o primeiro passo é simplesmente estar presente para essa ansiedade. Perceba onde seu corpo guarda essa ansiedade. Talvez você sinta um nó no estômago, ou seu rosto esteja corado, a respiração acelerada ou a boca seca. Mantenha seu foco no lugar que notar primeiro, onde quer que seja. Não julgue, não analise, nem tente controlar o que está experimentando. Não tente nem mesmo mudá-lo. Apenas esteja consciente das sensações em seu corpo. Esta é a chave para todo o processo de entrega, porque só podemos liberar coisas que primeiro tenhamos reconhecido.

O próximo passo, a acolhida, parece estranho quando a emoção é instintivamente não desejável. Nossa resposta normal a emoções desagradáveis é fazer todo o possível para tirá-las de nossa consciência. Algo bastante notável acontece quando, em vez de seguir esse velho

---

arder mesmo antes de reconhecerem Jesus na partilha do pão. Quando eles passaram a crer, então souberam o que haviam experimentado; e a experiência refletida reforçou a fé" (p. 31). (Ed. bras.: *A direção espiritual e o encontro com Deus*, trad. Barbara Theoto Lambert, São Paulo, Loyola, 2005.)

3 Desenvolvida por Mary Mrozowski como uma maneira de mover a oração centrante de uma prática meditativa para a vida ativa, a oração de acolhida é descrita em BOURGEAULT, CYNTHIA, *Centering Prayer and Inner Awakening*, Cambridge, Mass., Cowley, 2004, 135-152.

caminho já batido, nós as acolhemos como visitantes na casa do nosso eu. Quando a resistência é substituída por acolhida, removemos o poder desses eventos não escolhidos de perturbar nossa paz. Ao respondermos a eles com hospitalidade, seu impacto ruim começa a diminuir, às vezes com surpreendente velocidade. O simples ato de dizer gentilmente "Bem-vinda, ansiedade" (ou qualquer emoção perturbadora que tenha entrado repentinamente em cena) expressa uma hospitalidade da alma que nos firma no presente e em nosso corpo e se recusa a permitir que a experiência externa nos afugente da presença.

É importante reconhecer, no entanto, que o que estamos acolhendo é nossa resposta interior ao momento presente, e não todo o conjunto de circunstâncias que podem estar em volta dele. Por exemplo, se você acabou de saber que tem um tumor no cérebro, não é o tumor que você acolhe, mas o medo ou a raiva que podem acompanhar essa notícia. A entrega que está sendo incentivada por meio dessa prática de oração de acolhida é uma libertação interior daquilo que perturba sua paz e compromete sua abertura à confiança em Deus.

Libertação — a essência da entrega — é a etapa final neste processo de oração de acolhida. O que devemos libertar não são apenas os sentimentos negativos, como também a pressuposição de que, para sermos felizes, precisamos estar no controle. Isso é uma mentira. Nossa tentativa de estar no controle de nossa vida, ser capitães de nosso próprio navio e mestres de nosso próprio destino, inevitavelmente, leva a nossa infelicidade. É algo fútil, porque não somos Deus. O que precisamos libertar, portanto, é nosso apego excessivo ao desejo de controle.

A vida nos traz um fluxo contínuo de oportunidades para praticar a escolha da entrega. Mas o que faz com que esse ato de entrega seja oração é seu contexto interpessoal. A entrega não é simplesmente uma técnica mental destinada a nos fazer felizes. Se for entrega a Deus, é oração. O que torna isso possível é a fé em Deus. Entregar-se é confiar a Deus as coisas sobre as quais não temos controle. Cada vez que o fazemos, exercitamos a fé em ação. Cada vez que o fazemos, estamos em oração.

Viver com abertura para Deus

Oração é viver com abertura para Deus. Nossa vida se torna uma oração e nossa oração se torna nossa vida quando começamos a viver com essa abertura como a postura básica de nosso coração.

A pessoa com quem mais aprendi sobre viver com abertura para Deus foi Basil Pennington. Primeiro por meio de seus livros, depois pela bênção de uma amizade próxima, pude testemunhar uma vida que era verdadeiramente aberta para Deus. Sua vida era uma vida de oração. É claro que ser monge tem algumas vantagens para fazer de toda a vida uma oração. Ele sempre reconheceu isso e tinha profunda consciência de como os ritmos da vida de sua comunidade cisterciense contribuíam para a oração⁴. Mas descobri que seus momentos de oração de forma nenhuma eram limitados a essas muitas horas diárias passadas em *lectio divina*, Liturgia das Horas ou oração centrante. Essas coisas simplesmente serviam como a estrutura que permitia que sua abertura orante e atenta a Deus fluísse para o resto do dia.

Ele descreveu que a abertura para Deus tinha uma dimensão de entrada e outra de saída. Por "entrada" ele se referia a abrir espaço para

---

4 O principal apoio que a vida monástica proporciona para a oração é a Liturgia das Horas (às vezes chamada de Ofício Divino). Baseada no Salmo 119,164, ela é construída em torno do hábito do salmista de louvar a Deus sete vezes por dia. Em um mosteiro cisterciense, a Liturgia das Horas começa com as vigílias (ou preces noturnas) às 3h30, continuando ao longo do dia com as *laudes* às 6h, a terça às 9h, a sexta ao meio-dia, a nona às 15h, as vésperas às 18h, e concluindo o dia com as completas às 20h. As dezoito horas de vigília são, dessa forma, preenchidas com leituras das Escrituras, canto de salmos do Saltério e oração litúrgica e silenciosa. O retorno ao silêncio depois de cada um desses serviços contribui para o ritmo de silêncio e Palavra que descrevi, no capítulo três, como a forma ideal de apoiar a oração no ritmo da vida. Com ligeiras modificações de horário, conteúdo e número exato de ofícios, esse padrão de oração diária é incentivado para todos os monges, freiras e padres da Igreja Católica Romana, bem como para a Igreja Anglicana e a Igreja Ortodoxa Oriental. Muitos cristãos leigos também adotam o Ofício Divino, em parte ou no todo, como a espinha dorsal de sua oração diária.

Deus em quietude para prestar atenção na Palavra de Deus e permitir que ela penetre em nosso coração. Isso ele fazia por meio da *lectio divina* diária: dedicar atenção orante a pequenos trechos da Palavra e, depois, absorvê-los pela ponderação orante. Por "saída" ele se referia aos movimentos de resposta e ser da oração. "A primeira coisa a fazer ao responder à presença e à Palavra de Deus", ele me disse muitas vezes, "é perceber o que Deus está fazendo e ficar fora do caminho de Deus. A segunda é nos alinhar e participar das ações transformacionais de Deus no mundo." Deus está ativo e presente no mundo. Nosso trabalho não é trazer Deus para o mundo. Isso já aconteceu. Essa é a Boa-nova da criação e da encarnação. Nosso trabalho é seguir o Espírito para o mundo e ser parte do que Deus está fazendo ali para estabelecer seu Reino de justiça e amor.

Essa prática de prestar atenção em onde Deus está e no que ele está fazendo mudou minha vida. Não tenho mais nenhuma certeza sobre o que um indivíduo que me procura em busca de ajuda espiritual ou psicológica precisa e exatamente quais devem ser as prioridades de sua vida — pelo menos não sem primeiro considerar onde Deus já está na vida da pessoa e o que ele está fazendo para impulsioná-la a uma vida mais plena e profunda. Estou realmente convencido de que não preciso trazer Deus para ninguém. Mas, depois de assegurar que eu não estou me intrometendo no caminho do que Deus está fazendo, tenho um papel importante, que é ficar ao lado da pessoa e me colocar à disposição para apoiar o trabalho de Deus nela e por meio dela no mundo.

Viver com abertura para Deus é transformacional. Nós mudamos, e Deus, fluindo através de nós, muda o mundo. A dinâmica central dessa vida de oração transformacional é receber o amor de Deus e passá-lo para o mundo. É tão simples quanto inspirar e expirar: absorvemos o amor e o passamos adiante. Essa é uma vida de abertura para Deus.

Cada vez em que eu estava com Basil Pennington, e no final de cada troca de *e-mails*, ele me dizia: "Vamos continuar a nos abraçar em oração". Depois de ouvir isso dele várias vezes, e receando que talvez não estivesse cumprindo sua promessa implícita, perguntei o que isso significava para ele. Sua resposta foi francamente simples: "Todas as pessoas que abraço em meu coração com amor, eu as elevo para Deus em oração cada vez que me volto para Deus com o coração aberto". Nosso trabalho é permitir que nosso eu seja amado e, então, abraçar os outros com um amor que transmita a eles o que recebemos de Deus. Isso é uma vida de oração.

Oração holística e abertura para Deus

Oração holística é a que inclui todo o nosso ser. Cada um dos quatro principais caminhos de oração que examinamos apresenta uma dessas dimensões. Mas cada um deles também nos move em direção aos outros. Por exemplo, permitir que nossa mente e espírito se voltem para Deus, quando ouvimos os sinos de uma igreja ou vemos uma vela acesa, começa como uma oração de atenção, mas, depois, convida a uma oração de resposta. A resposta pode ser fazer uma pausa e voltar nossa atenção para Deus ou permitir que nosso espírito se alimente de um momento de simplesmente estar consciente da presença de Deus. Permitir que nossa fome durante um jejum chame nossa atenção para Deus reflete a mesma dinâmica dupla. Por outro lado, percorrer meditativamente a via-sacra — algo que é há muito tempo uma forma popular de oração católica (tanto romana como anglicana) e atualmente está sendo descoberta por muitos protestantes — é uma oração que começa com um caminhar (resposta), mas é primordialmente um ato de meditação (ponderação). Aqui, a resposta dá apoio à ponderação. Ficar sentados em silêncio enquanto permitimos que nosso coração seja atraído para Deus, pela suave repetição periódica de um nome amoroso para ele, funciona da mesma maneira. A resposta de falar o nome de Deus dá apoio a uma oração contemplativa de estar em quietude diante dele.

É assim que a oração funciona quando trazemos cada vez mais de nós mesmos para o encontro divino. Podemos começar apenas com a mente, mas, se nos dispusermos, nosso coração também será trazido naturalmente, e vice-versa. Ou podemos começar com a atenção, mas a consciência pede fortemente uma resposta. O fluxo entre as várias dimensões de nosso ser é tão natural quanto a maneira como elas trabalham juntas para nos formar como seres inteiros. É só quando temos ideias artificiais e limitadas sobre o que é e o que não é oração que esta assume expressões truncadas.

Mas, para que a oração esteja apoiada na realidade, é essencial que comecemos onde estamos, não onde achamos que deveríamos estar. Talvez pareça um passo grande demais transformar a vida toda em uma oração. Nesse caso, comece por onde você está. Converse com Deus sobre isso em uma oração de ponderação. Seja honesto em sua avaliação, mas não ceda à tentação de culpa ou autorrecriminação. Essas posturas não são oração, porque envolvem deslocar sua atenção de Deus para você mesmo. Uma postura mais condizente com a oração é simplesmente falar com Deus sobre onde você está em sua vida de oração.

Vou, uma vez mais, dar uma orientação prática sobre isso. Considere as sugestões a seguir, se quiser cultivar uma vida mais caracterizada pela abertura para Deus em todas as dimensões de seu ser.

1. Revisando o que você leu neste livro, repare nas cutucadas que o Espírito de Deus pode lhe ter dado. Algumas abordagens de oração podem parecer muito distantes de sua zona de conforto ou vida atual para serem úteis, mas outras talvez tenham chamado sua atenção. Confie que o Espírito de Deus estava guiando sua atenção e despertando seu espírito em resposta ao que você leu. Leve a sério, portanto, as coisas que chamaram sua atenção. Converse com Deus sobre como você pode respondê-las. E responda.

2. Considere também qual das quatro faces da oração holística está faltando mais para você. O objetivo não é equilíbrio, mas inteireza. Abertura para Deus significa abrir todos os canais de seu eu. Oração holística é trazer todo o seu eu para o encontro divino. Observe quais partes têm a menor presença em seus momentos de presença para Deus. Atue intencionalmente para trazer mais de si mesmo para o círculo de amor que é a oração em comunhão com Deus. Fazer isso o abrirá mais plenamente para a graça de Deus e permitirá que essa graça flua por você mais completamente.

3. Considere também se alguma das práticas examinadas neste capítulo representa convites do Espírito para levar a oração dos momentos formais de oração para o resto de sua vida. Siga seus anseios nisso. Se nada em você se sentir atraído a fazer de toda a sua vida uma oração, espere, sem se sentir culpado, que o Espírito o guie nessa direção. Se, no entanto, seu coração ansiar por uma comunhão mais profunda e contínua com seu Amado, permita que o Espírito o guie em direção a uma vida que é oração. Considere como você poderia viver com mais abertura amorosa para Deus, permitindo que o amor dele flua através de você para o mundo. Talvez a oração de acolhida seja uma maneira de você permanecer mais aberto para Deus e ser menos facilmente distraído por reações emocionais. As ideias discutidas neste capítulo são apenas um começo na jornada da vida como oração. A oração é muito mais do que qualquer coisa que eu poderia dizer sobre ela. É a pulsação da vida cristã. Nada menos que isso satisfará os desejos mais profundos de seu coração.

9

Oração transformacional

Falar em transformação corre o risco de ser descartado como uma hipérbole. Em termos de mudança pessoal, a maioria de nós conhece apenas as frustrações e o progresso extremamente modesto que experimentamos em nossos projetos de autoaperfeiçoamento espiritual e psicológico. Talvez tudo que você já conheceu tenham sido pequenos passos incrementais para a frente, seguidos por pelo menos o mesmo número de passos, com frequência maiores, para trás. Talvez no curso de um período mais longo de sua vida você possa ver crescimento, mas hesite em chamar isso de transformação. Mesmo quando pensa em parentes, amigos ou conhecidos, ainda pode ser difícil lembrar alguém que você descreveria como tendo passado por uma mudança de magnitude suficiente para justificar essa linguagem grandiosa.

Se isso é verdade em geral, deve soar muito mais irrealista falar em oração transformacional. Pode parecer uma coisa piedosa para se dizer, mas provavelmente não muito crível. Se você for capaz de identificar mudanças significativas que ocorreram em seu mundo interior, e particularmente se elas tiverem resultado de um trabalho árduo feito em aconselhamento ou psicoterapia, talvez seja difícil imaginar que qualquer coisa comparável pudesse resultar da oração. Mas será que realmente pode? E, se puder, o que exatamente se transforma e como isso acontece?

Estou convencido de que abrir nosso eu verdadeiramente para Deus tem um potencial enorme de transformação de nossa vida interior e que essas mudanças podem, então, se difundir através de nosso corpo para nosso comportamento e para o mundo. Mas é a mudança interior que mais me interessa como psicólogo e como guia espiritual, porque sei que, quando a mudança começa no eu interior, ela inevitavelmente flui para o resto da vida de uma forma ou de outra. Como toda oração verdadeira envolve abrir nosso eu para Deus, toda oração é capaz de ser o meio da graça pelo qual Deus faz esse trabalho em nós. Mas a oração que dá a Deus o acesso mais penetrante às nossas profundezas é oferecida em quietude. A oração que inclui uma dimensão contemplativa tem o potencial de reorganizar nossa paisagem interior de maneiras que não podemos imaginar — e tudo para o bem!

A dimensão contemplativa da oração

Falo de uma dimensão contemplativa da oração para destacar o fato de que a oração contemplativa não é tanto um tipo de oração, mas algo que deveria ser um componente de toda oração. É o silêncio e o espaço para quietude diante de Deus que sustentam a presença genuína e a abertura para Deus. Uma vida de oração construída exclusivamente em torno de atenção, ponderação e resposta não terá as mesmas possibilidades de transformação que aquela que também inclui momentos de simplesmente ser diante de Deus. Infelizmente, é essa dimensão contemplativa que mais falta na oração. A oração comunitária raramente deixa espaço suficiente para quietude diante de Deus em silêncio. Mesmo a oração litúrgica com frequência deixa espaço inadequado para o silêncio, e as experiências de culto não litúrgicas são, claro, em geral notavelmente desprovidas de silêncio. Os momentos intencionais de oração pessoal são muitas vezes apressados e reduzidos ao básico de petições, intercessão e possivelmente uma ou duas expressões de gratidão. Claro que tudo isso merece ser chamado de oração. Mas, sem a dimensão contemplativa, não é oração holística nem será transformacional.

Falando da oração que inclui essa dimensão contemplativa, Thomas Keating a descreve como "um processo de transformação interior, uma conversa iniciada por Deus e que conduz, se consentirmos, à união divina"[1]. A maneira como vemos a nós mesmos, aos outros, ao mundo e a Deus mudará nesse processo. Nossa capacidade de perceber e de nos relacionarmos com a presença divina também mudará drasticamente. Isso transformará nosso coração e mente à medida que a consciência de nosso ser em relação a Deus lentamente substituir o ruído de fundo habitual dos pensamentos.

De acordo com o padre do deserto do século IV, Evágrio Pôntico, "Oração é deixar de lado os pensamentos"[2]. Isso nos lembra de que a contemplação na oração não é tanto a ausência de pensamentos, mas soltar-se deles. Isso é o que oferecemos a Deus quando estamos abertos — não apenas em nossa mente, mas também em nosso coração, corpo, emoções, espírito e todo o ser. E o principal entre os pensamentos que liberamos quando buscamos simplesmente estar com Deus em quietude e silêncio interior são as divagações avaliativas sobre nossa experiência de oração. Nada nos enche mais de preocupação em relação a nós mesmos do que avaliarmos a forma que nossa oração está tomando. Como Antônio do Deserto nos lembra, "Oração perfeita é não saber que você está orando"[3]. É estar presente diante de Deus sem pensar nisso — não presente de uma forma anti-intelectual ou não reflexiva, mas de uma forma que não é limitada pelas restrições da autoconsciência. Essa é uma presença para Deus que nos abre de maneiras notavelmente profundas, quando é oferecida com nosso consentimento para o trabalho gracioso de Deus em nós.

---

[1] KEATING, THOMAS, *Open Mind, Open Heart*, New York, Continuum, 2000, 4. (Ed. bras.: *Mente aberta, coração aberto*, trad. Milton Camargo Mota, São Paulo, Loyola, 2005.)

[2] Evágrio Pôntico, citado em WARE, KALLISTOS, *The Philokalia*, trad. G. E. H. Palmer, Philip Sherrard e Kallistos Ware, London, Faber & Faber, 1984, 3:96.

[3] Antônio do Deserto, citado em KEATING, *Open Mind, Open Heart*, 91.

Presença transformacional

A maioria das pessoas se surpreende quando oferece qualquer quietude que tenha para Deus em uma oração de abertura e descobre que o encontro resultante não é simplesmente um encontro com Deus. É também um encontro pessoal. Isso é, claro, o que torna o encontro potencialmente transformacional. Não seria sequer um encontro se você não estivesse presente. No entanto, pode ser bastante desconcertante se você estiver tentando deixar de lado seus pensamentos e criar um espaço para Deus e descobrir que esse espaço continua sendo preenchido com todas as coisas interiores que tem evitado. Você pode, por exemplo, ir para um retiro de silêncio e ficar frustrado pelo pouco silêncio interior que experimenta. Em vez de quietude e calma, seu mundo interior está cheio de som e de fúria — velhas ansiedades e conflitos que vinham se mantendo nos limites da consciência agora vêm para o primeiro plano, e lembranças e sentimentos indesejados borbulham para a superfície. Este é o preço da admissão à presença para Deus. Esse preço é presença para si mesmo.

A oração profunda que contém uma dimensão contemplativa sempre exigirá hospitalidade para o seu eu profundo, ou seja, as partes profundas do seu eu. Ore pela graça de receber o que quer que possa emergir em você e, então, libere-o gentilmente nas mãos de Deus. Isso que emerge pode vir com um dilúvio de intensidade emocional. Às vezes, ficar quieto diante de si mesmo e de Deus libera uma torrente de emoções. Pode haver lágrimas misturadas com alegria e tristeza, quando lembranças reprimidas e fragmentos de experiências passadas irrompem na consciência. Essa descarga do inconsciente pode ser assustadora, mas é um sinal de que Deus está trabalhando em suas profundezas[4]. Este não é o momento de tentar entender as coisas que flutuam para a superfície. Em vez disso, é hora de simplesmente liberá-

---

4 A expressão "descarga do inconsciente" vem de Thomas Keating (*Open Mind, Open Heart*), que, ao lado de Cynthia Bourgeault (*Centering Prayer and Inner Awakening*, Cambridge, Mass., Cowley, 2004), nos oferece um dos relatos e entendimentos mais úteis desse processo de terapia divina.

las para Deus. Mas, quando nota a presença delas, você se torna consciente do que existe dentro de você e tem a oportunidade de dar uma espiada no trabalho de cura oculto e profundo que Deus está realizando em sua alma. Esse é um trabalho de terapia divina.

É muito importante lembrar que o objetivo não é a quietude. Qualquer quietude que se desenvolva é dom de Deus. Esse também não é um processo de autoterapia. Qualquer cura que ocorra é um subproduto, não o objetivo. Lembre-se, isso é oração. O objetivo é simplesmente estar totalmente aberto para Deus e consentir a presença e ação de Deus dentro de você.

Terapia divina

Tive muitas oportunidades de testemunhar as possibilidades transformacionais da oração. Vou descrever brevemente apenas uma. Um monge, que chamarei de padre John, entrou em contato comigo depois de ler alguns de meus livros e perguntou se eu o acompanharia em uma jornada de cura[5]. Tendo passado quase cinquenta anos no contexto contemplativo da vida monástica, ele estava longe de ser um noviço em quietude diante de si mesmo e de Deus. Ele sabia como se abrir em oração contemplativa e como isso podia ser transformacional. No entanto, ao encontrar algumas feridas novas e bastante profundas no contexto de uma amizade, ele soube que precisava de uma cura interior renovada e ainda mais profunda.

Seu primeiro pedido foi que eu o ajudasse a discernir se deveria procurar um psicoterapeuta como uma forma de lidar com essas preocupações ou se era apropriado recorrer ao processo de cura que ele conhecia melhor: a oração contemplativa. O que ele queria de mim, disse-me, era ajuda para se manter honesto. Ele me fez um relato franco de seu relacionamento com o amigo e descreveu as antigas di-

---

[5] Conto a história desse homem com a autorização dele, mas, a seu pedido, manterei sua identidade confidencial. O mesmo se aplica a "Tom", apresentado mais adiante neste capítulo.

ficuldades em sua história pessoal, que haviam sido reativadas pela experiência. Disse que queria ter certeza de que não fugiria de enfrentar as coisas que sabia que precisava enfrentar e que, se a psicoterapia fosse a melhor maneira de fazer isso, estava muito disposto a seguir nessa direção. Fiquei impressionado com sua abertura e sinceridade. E então eu lhe disse que não via razão para ele não aceitar o convite interior que estava sentindo do Espírito para se abrir em quietude diante de Deus. Também aceitei seu convite para fazer a jornada com ele, olhando por cima de seu ombro, por assim dizer, para ajudá-lo a garantir que a cura fosse suficientemente profunda para ele poder seguir em frente em sua vida e ministério.

E assim, nos anos seguintes, nos encontramos regularmente, e o padre John me contava sua experiência em oração. Ele falava do que lhe vinha à mente quando estava presente em quietude para si mesmo e para Deus e descrevia seus repetidos atos de simples liberação desses sentimentos para Deus. Fazia o possível para manter o foco em Deus, não em si mesmo ou em suas necessidades e desejos de cura. Mas tudo que lhe vinha à consciência ele identificava e liberava nas mãos de Deus. Não fui o orientador do processo, mas apenas uma testemunha. E o que testemunhei foi a maneira como o Espírito o guiou pelas muitas camadas dele mesmo e de sua história pessoal que precisavam ser parte do processo de cura.

A jornada não foi organizada da maneira sistemática, em que se poderia empreender um autoexame. Ela o levou de volta a experiências e relacionamentos da infância, convidou-o a revisitar seu senso de vocação associado à entrada original no mosteiro e o recolocou em contato com conflitos e feridas relacionais que ocorreram ao longo de sua vida. O movimento por essas e muitas outras dimensões de sua vida esteve longe de ser linear. Também não foi nada fácil. Padre John viu-se revisitando questões que ele imaginava que estivessem resolvidas, enquanto o Espírito o conduzia pelos corredores de sua vida. Mas, conforme ele o fazia, nós dois vimos evidências de crescente liberdade interior. Senti uma abertura para a graça e uma disposição a permitir que ela fluísse por ele de uma maneira que parecia estar bloqueada quando o conheci. Outros mais próximos a ele em sua comunidade, incluindo seu abade, afirmaram que ele havia entrado em uma temporada de paz, alegria e vitalidade mais profundas. Foi, na verdade, um trabalho de transformação interior por meio da oração — certamente não foi resultado de intervenções inteligentes de minha parte nem apenas de orar pedindo cura. Foi resultado de passar tempo em quietude diante de Deus e com Deus e de permitir que a graça curadora de Deus penetrasse e saturasse suas profundezas.

Estar aberto para Deus é estar aberto para o Infinito, e isso significa estar aberto para possibilidades infinitas. Lembre-se de que a oração não se destina a mudar Deus. O propósito da oração é nos mudar. A abertura para o Infinito significa possibilidades infinitas de transformação.

Libertar-nos de bloqueios em nossa abertura para Deus

Talvez a melhor maneira de entender as possibilidades transformacionais da oração contemplativa seja descrevê-las em termos da remoção de entraves à abertura para Deus. Cada um de nós tem seus próprios bloqueios — coisas que obstruem os canais de nosso eu, os quais precisam ser abertos para que experimentemos a plenitude da vida de Deus. Eles são nossos pecados pessoais, as coisas específicas que com muita frequência nos levam a nos afastarmos em vez de nos aproximarmos de Deus. Mas chamá-los de "pecados" pode ser enganoso, porque esses não são tanto comportamentos, mas estados do ser. Eles estão profundamente enraizados em nossa psicologia, teologia e práticas espirituais.

Há muitos entraves psicológicos que podem bloquear nossa abertura para Deus. Qualquer coisa que nos mantenha preocupados conosco mesmos funciona dessa maneira, e a maioria das psicopatologias faz exatamente isso. Nossos vícios, nossas ansiedades, nossos conflitos não resolvidos, nossas experiências traumáticas e outras feridas não curadas, nossos medos e muito mais, tendem a nos fechar sobre nós mesmos e prejudicar a abertura profunda e genuína de nosso eu não só para os outros como também para o Outro supremo. Como podemos, por exemplo, esperar ter a confiança de nos abandonarmos para Deus se não temos a experiência de outro ser humano que seja confiável? E como poderíamos esperar estar atentos a Deus se nossos assuntos internos inacabados são tão preocupantes que nos tornam incapazes de estar genuinamente atentos aos outros ou ao mundo? Com frequência, será por meio da psicoterapia que a graça de Deus poderá fluir melhor em nossa vida para curar essas feridas e remover os bloqueios. Feridas que são criadas em um contexto interpessoal usualmente requerem um contexto interpessoal corretivo humano para sua cura, e um terapeuta ou psicoterapeuta treinado geralmente está equipado como ninguém para oferecer o acompanhamento e a orientação necessários nessa jornada. Mas não deixe de aproveitar as possibilidades de cura da terapia divina por meio da oração, seja combinada com psicoterapia ou orientação espiritual, seja, em algumas ocasiões, sozinha.

Nossos bloqueios psicológicos com frequência estão estreitamente ligados a bloqueios teológicos, porque tendemos a forjar nossa teologia pessoal no centro de nosso eu ferido. Para entender isso, é importante reconhecer a diferença entre nossa teologia formal e nossa teologia funcional. Como ilustração, vou descrever brevemente alguém que conheço: um graduado no seminário que passou sua vida adulta estudando e lendo boa teologia, mas cuja visão real de Deus era drasticamente diferente de suas crenças formais. Tom, como vou chamá-lo, entrou em contato comigo depois de ler um de meus livros e perguntou se eu poderia trabalhar com ele para ajudá-lo a se mover para maior liberdade interior e autenticidade exterior. Ele se sentia atraído pela visão de ser seu próprio verdadeiro eu, mas era sabotado por coisas que o mantinham preso e cativo à sua história pessoal.

Ao ouvir sobre seu longo conflito com um pai distante e que não lhe dava apoio emocional, perguntei-lhe sobre sua visão de Deus. O que ele me disse poderia ter saído direto de um manual de teologia. Ele falou de Deus como amor, sabedoria, majestade, poder, graça e vários outros ideais maravilhosamente elevados. Eu soube que teria de reformular a questão, então perguntei: "Mas qual é a sua experiência de Deus? Como você realmente vê e se sente a respeito de Deus e se relaciona com ele?" "Isso", disse ele, "é bem diferente."

Tom me disse, então, que, embora relutasse em admitir, não conseguia se livrar da sensação de que Deus era caprichoso, não confiável, controlador, distante e nunca satisfeito com o que quer que lhe oferecíamos. Essa era sua teologia funcional. Era sua visão real e prática de Deus. Obviamente, isso precisava ser mudado para que ele fosse, como desejava, mais aberto para Deus. E essa mudança veio quando ele começou a lidar com as questões psicológicas que estavam transbordando para Deus e quando aprendeu a confiar, pela primeira vez na vida, em estar com Deus com abertura e confiança não defensivas. Com o tempo, isso liberou os bloqueios psicológicos e teológicos que eram a causa de sua estagnação e falta de abertura para Deus.

Apegarmo-nos rigidamente a práticas espirituais que já não nos trazem vida também pode bloquear nossa abertura para Deus. Já compartilhei algumas das maneiras como isso foi parte da minha própria história, mas essa é uma dinâmica que também vi em muitos outros. Fico impressionado com a frequência com que pessoas que descrevem práticas de oração que não mais as põem em contato com Deus não se mostram dispostas a deixá-las de lado e encontrar novas maneiras de se abrir para Deus em oração. Muitas vezes, o que lhes ensinaram foi a importância de persistir na oração ou de não se preocupar com o que parecem obter da oração. Há valor nesse ensinamento, mas também é importante reconhecer as fases da vida espiritual e permitir que formas de prática que não trazem mais vida cedam lugar para que outras possam criar raízes e brotar como novas expressões de vida.

A oração é um convite para nos aproximarmos de Deus com abertura e confiança, e Deus fornece tudo de que precisamos para isso. Às vezes, essa provisão do que precisamos vem na forma de outras pessoas (amigos espirituais e ajuda profissional) e, às vezes, vem mais diretamente de Deus. Mas o convite de Deus para nós é sempre o mesmo: voltarmo-nos para ele com qualquer grau de abertura e confiança que tivermos, e permitir que a vida dele flua para a nossa. Ao fazermos isso, o amor divino revela os obstáculos em nossas profundezas que bloqueiam nossa abertura para Deus e, se estivermos dispostos a soltar esses obstáculos, aos poucos eles são transformados em meios de graça. À medida que a graça começa a se infiltrar nesses pontos de fraturas anteriores, começamos a experimentar a plenitude da vida que existe em Deus.

Orar e viver essas verdades

Dedique um momento para refletir sobre essas possibilidades de transformação. Observe de novo seu anseio por Deus. Não perca isso de vista. Essa é a corda pela qual Deus o puxa para a abertura e a transformação que você procura. Observe quais coisas se mexem em você enquanto pondera sobre seus desejos espirituais mais profundos e a postura de abertura em oração que estive descrevendo neste livro. Converse com um amigo espiritual de confiança sobre como você se sente levado a responder. E, então, permita-se responder de qualquer maneira que for sugerida pelo Espírito.

As possibilidades transformacionais da oração baseiam-se em permitir que a graça e o amor de Deus derramem-se em nós e, depois, através de nós, para um mundo ferido e necessitado. É observar enquanto nosso ser é transformado à semelhança de Cristo e tudo que fazemos começa a fluir disso. É nossa maneira de participar da ação de Deus de tornar novas todas as coisas em Cristo. Que você e eu possamos conhecer a plenitude de vida que vem da abertura e do abandono envolvidos em dizer "sim" ao grande convite de Deus para participarmos dessa aventura.

Posfácio

Abertura confiante

Faz mais de uma década que *Abrir-se para Deus* foi publicado pela primeira vez, em 2010. Esta edição expandida me proporciona a oportunidade muito apreciada de oferecer algumas palavras em seguimento ao que apresentei naquela primeira edição.

Até este ponto do livro, descrevi a oração como o processo de nos abrirmos para Deus. A oração não é primordialmente uma forma de conseguir que Deus faça coisas por nós, mas de oferecer nosso consentimento para Deus fazer coisas em e por meio de nós. Na oração, oferecemos o grau de abertura confiante que tivermos no momento como uma expressão de nosso desejo de mais abertura. Ou, para usar uma linguagem mais tradicional, poderíamos dizer que, na oração, respondemos a qualquer medida de fé que tivermos conseguido receber como uma expressão de nosso desejo de uma fé ainda mais profunda.

Mas, agora, gostaria de passar do processo de abertura para Deus ao resultado da abertura para Deus.

Como é a abertura para Deus? E o que isso envolve?

Confiança, não apenas crença

Em primeiro lugar, estar aberto para Deus é viver com confiança irrestrita em Deus. Essa é a essência da fé. A fé simplesmente não pode reduzir-se a crenças. Caso isso ocorra, o desenvolvimento de sua fé está seriamente comprometido.

A fé genuína é mais uma postura do coração que da mente. Fé em Deus é apoiar-se com confiança nele. É viver com confiança irrestrita na fidelidade de Deus.

A fé é o que torna possível que nos aproximemos de Deus com abertura. É também o que nos possibilita viver nossa vida com abertura. O oposto de fé é desconfiança, não descrença.

Quando a fé é reduzida a crenças, é em nossas crenças que confiamos. Conheci pessoas que me disseram que morreriam por suas crenças. Mas mesmo esse nível de comprometimento com as crenças — algo que não tenho nem desejo — não é suficiente para levar a uma abertura confiante. Na verdade, as pessoas que parecem mais prontas a morrer por suas crenças costumam demonstrar pouca ou nenhuma evidência de abertura genuína para qualquer um que não compartilhe o conteúdo de suas crenças e seu grau de comprometimento com elas.

A confiança é o cerne da fé. Pense em Abraão, o homem reverenciado como um paladino da fé tanto por cristãos como por judeus. Abraão não demonstrou sua fé acreditando em certas proposições sobre Deus, mas mostrando confiança suficiente para sair de sua casa em uma das maiores cidades do mundo antigo e ir para o deserto, para um lugar que Deus disse que lhe mostraria. Essa é a confiança que está no cerne da abertura para Deus e para a vida.

É preciso muita coragem para viver a vida com tamanha abertura e confiança. A vida é uma viagem que nos convida, como a Abraão, a sair dos lugares conhecidos em que encontramos o nosso conforto e segurança, sem ter nenhum detalhe sobre para onde nos é pedido que sigamos ou o que a viagem vai envolver. Ela nos convida a erguer o pé do conhecido e pisar no oculto e desconhecido.

A vida é cheia de incerteza e risco. Simplesmente não há como evitar a incerteza ou o risco e permanecer aberto para a vida e para Deus.

Ouça Thomas Merton expressar sua confiança em Deus em meio a um tempo de enorme incerteza e desorientação, algo que com frequência estará presente para qualquer um que viva a vida com abertura confiante:

> Meu Senhor Deus,
> não tenho ideia de aonde estou indo.
> Não vejo a estrada à minha frente.
> Não tenho como saber ao certo
> onde ela vai terminar.
>
> Nem conheço realmente a mim mesmo,
> e achar que estou seguindo a tua vontade
> não significa que eu de fato esteja.
>
> Mas acredito
> que o desejo de te agradar
> de fato te agrada.
> E espero ter esse desejo
> em tudo que estou fazendo.
>
> Espero nunca fazer nada
> que não tenha esse desejo.
> E sei que, se eu fizer isso,
> vais me levar pela estrada certa,
> ainda que eu não saiba nada sobre ela.
>
> Sempre confiarei em ti,
> mesmo que eu pareça estar perdido
> e na sombra da morte.
>
> Não terei medo,
> porque nunca vais me deixar
> para que eu enfrente meus perigos sozinho[1].

É assustador se sentir profundamente incapaz de confiar em seus sentidos, percepção e julgamento. É assustador decidir descer de uma plataforma sem ter a menor ideia de onde se vai aterrissar. Eu sei. Eu passei por isso.

---

[1] MERTON, THOMAS, *Thoughts in Solitude*, Boston, Shambhala, 1993, 89. (Ed. bras.: *Na liberdade da solidão*, Petrópolis, Vozes, 2001.)

Posfácio

Sem fé, seríamos esmagados por esses momentos. Fé em Deus é confiar que, apesar de todas as sensações e aparências, Deus está conosco, convidando-nos a continuar a caminhar, passo a passo, pela escuridão. É confiar em Deus o suficiente para nos permitirmos cair no rio escuro que é Deus e ir com a corrente sem ver aonde ela está nos levando.

Abrir-se para Deus, abrir-se para a vida

Confiar em Deus é também confiar que ele está conosco no fluxo de nossa vida. Na verdade, gosto de pensar que um dos disfarces favoritos de Deus é o fluxo de nossa vida. É em meio às realidades de nossa vida que podemos contar mais confiavelmente com a presença de Deus. De fato, Deus não está meramente conosco no fluxo de nossa vida; ele vem a nós *como* a nossa vida conforme ela se desenrola.

Abertura confiante para Deus é abertura confiante para a vida. A confiança em Deus que não se traduz em abertura confiante para o fluxo de nossa vida é mais declarada do que vivida.

Isso talvez tenha feito você parar para pensar. Vou, então, dizer de novo, para que você possa dedicar um momento a fazer bom uso reflexivo dessa pausa.

Abertura confiante para Deus é abertura confiante para a vida.

A confiança em Deus que não se traduz em abertura confiante para o fluxo de nossa vida é mais declarada do que vivida.

Há apenas duas alternativas à abertura confiante. A primeira é depositar nossa confiança na ilusão de controle. Uma maneira de fazer isso é a busca de riqueza e poder em uma tentativa de nos proteger de coisas que esperamos evitar. Obviamente, isso é tanto fútil como tolo. Na melhor das hipóteses, esse caminho leva a nada mais do que uma evitação temporária das realidades existenciais inevitáveis da vida.

A segunda alternativa à abertura confiante para o fluxo de nossa vida é tentar viver com cautela como uma forma de nos protegermos de eventos indesejáveis. Em última análise, essa é uma escolha de medo, porque viver com cautela é viver com medo. No entanto, não só isso não protege das coisas que tememos, como também uma vida restrita e cautelosa é uma evitação da própria vida. É só quando estamos dispostos a reconhecer que não controlamos a vida que podemos verdadeiramente dizer "sim" a ela. Só então podemos nos atrever a adotar a postura radical de uma abertura confiante à vida.

Essa é a confiança que está no cerne da oração de acolhida que examinei no capítulo oito. Entendo que parece totalmente ridículo sugerir que devemos acolher o que quer que o fluxo da vida nos traga. Há muitas coisas que entram em nossa vida que nós nunca escolheríamos, como dificuldades financeiras, traições, doenças, traumas, sofrimento e muito mais. Por que alguém escolheria acolher o obviamente indesejável?

Mas lembre-se do que eu disse antes. A oração de acolhida envolve oferecer hospitalidade à nossa *resposta* ao evento indesejável, não ao evento em si. Não significa acolher o câncer que acabou de ser diagnosticado. O que essa oração o convida a acolher é o medo, a raiva ou outras coisas que surgem dentro de você quando recebe essa notícia.

A vida que nos é dada conterá quase invariavelmente coisas que nunca teríamos escolhido se tivéssemos escolha. Pode ser a família em que nascemos, nosso gênero, a forma de nosso corpo ou a injustiça de coisas que experimentamos. Abertura confiante para o fluxo de nossa vida é confiar em Deus, que vem a nós em meio às nossas realidades presentes. O grau de nossa abertura confiante para o fluxo de nossa vida é, portanto, a expressão mais verdadeira de nossa confiança em Deus.

Não desanime quando notar o estado imperfeito de sua confiança. Tudo que Deus pede de nós é que usemos a fé que temos. Isso começa pelo reconhecimento e pela aceitação de nós mesmos como somos e onde estamos. Pois é aí que Deus está. Deus vem a nós em meio às nossas realidades presentes. Se Deus parece distante ou ausente, é porque estamos distantes ou ausentes de nossas realidades presentes. Acolher essas realidades é acolher a Deus.

Em algum grau, todos nós experimentamos momentos em que nossa abertura confiante nos falha. Permita que a consciência desses momentos o leve de volta à confiança que imagino que seja o lugar onde você quer repousar — o lugar onde você quer viver.

Nenhum de nós está em posição de julgar se as coisas que entram em nossa vida são de fato tão boas ou ruins como parecem inicialmente. Esses julgamentos pressupõem uma perspectiva que simplesmente não temos nem podemos ter.

Mas, se Deus está igualmente conosco na saúde e na doença, na riqueza e na pobreza, em nossos momentos de felicidade e de medo, com base em que poderíamos concluir que um é preferível a outro?

A cada instante, fazemos nosso retorno à abertura confiante exercitando qualquer medida de fé que tivermos no momento. Fazemos isso abandonando nossa resistência a abraçar as realidades de nossa vida. Isso é o que significa acolher o indesejável.

Sempre que você perceber que se afastou da abertura confiante, é só liberar sua resistência e ressentimento. Esse é o caminho para retornar à paz e à alegria que vêm da abertura confiante para Deus e para sua vida. Depois que tiver experimentado o contentamento e o repouso que acompanham essa liberação, você terá para sempre um ponto de referência para o que significa permanecer naquele que é o objeto e a fonte de sua confiança. É por isso que a oração é tão vital. Ela expressa e aprofunda nossa fé.

A fé é a base da oração. Mas não confunda confiar que Deus lhe dará o que você busca com confiar em Deus com todo o peso de seu ser.

Essa é a essência da abertura confiante. É o espaço transformacional em que Deus nos convida a entrar para dali viver nossa vida.

Guia de estudo para reflexão e discussão

Ninguém chega muito longe no caminho da espiritualidade cristã sem duas coisas: espaço para reflexão contemplativa e envolvimento com outros que compartilham a jornada.

Espero que, enquanto lia este livro, você já tenha dedicado algum tempo no final de cada capítulo para responder a meus convites de fazer uma pausa e refletir sobre o que leu. Mas, agora que você terminou o livro, convido-o a fazer isso mais uma vez e ofereço perguntas e sugestões adequadas tanto para indivíduos como para grupos. Eu as organizei pensando em dois tipos de grupos.

O primeiro tipo de grupo se reúne por cinco sessões de setenta e cinco minutos, cada sessão focando dois ou três capítulos. Em seguida, sugiro um modelo para um segundo tipo de grupo que se reúne apenas uma vez por noventa minutos, para uma discussão do livro inteiro. A definição da duração das sessões cabe, evidentemente, a você e seu grupo. Você talvez descubra que há mais perguntas do que é possível discutir adequadamente em uma única sessão e, se esse for o caso, selecione as perguntas que lhe parecem mais adequadas para o seu grupo.

Se você estiver usando este guia de estudo para sua própria reflexão e não tiver planos de participar de uma discussão em grupo, pode fazer uso de qualquer um destes conjuntos de perguntas.

Um guia de discussão em cinco sessões para *abrir-se para Deus*

SESSÃO UM
Introdução: Abertura transformadora para Deus e Capítulo 1: Mais do que se pode imaginar

Considere a ideia de abrir esta sessão com uma breve lectio divina. Se você nunca fez isso antes, siga as sugestões apresentadas no final do capítulo três. Não há necessidade de oferecer o modelo completo de múltiplas leituras. Mesmo uma única leitura lenta de algumas frases das Escrituras, deste livro ou de alguma outra fonte devocional adequada pode funcionar bem. Comece com uma oração breve, leia a passagem curta e depois reserve alguns momentos para as pessoas compartilharem qual foi a palavra que ouviram e sentiram que lhes foi direcionada neste dia.

1. Em preparação para esta primeira sessão, sugiro que você releia a introdução e o capítulo um e anote suas citações favoritas. Quando se apresentar para os outros no início desta primeira sessão, compartilhe a citação que o impactou mais profundamente, conte ao grupo por que ela foi tão marcante e como você começou a responder a ela.

2. No capítulo um, sugeri que oração é mais do que rezar, mais até do que qualquer coisa que fazemos. Que diferença faria para seu entendimento da oração se a visse como algo que Deus faz dentro de você? Se a vida toda tem o potencial de ser vivida como oração, compartilhe com o grupo algumas das coisas que você já vive que vão além da oração tradicional.

3. "A oração é a nossa resposta a um convite divino para um encontro. A conversa orante já começou, porque Deus nos procurou, buscando nossa atenção e resposta." Ao refletir sobre a oração como uma conversa, pense em suas próprias conversas com amigos próximos ou entes queridos. O que você oferece nessas trocas que talvez ainda não esteja oferecendo em oração?

4. A oração pode ser algo tão simples como estar com Deus em quietude e abertura. Não requer que se esteja falando constantemente. Por que isso poderia ser difícil para você?
5. No capítulo um, também descrevi a oração como estar no amor enquanto repousamos na realidade de nosso estar-em-Deus. Sugeri, então, que essa é nossa identidade fundamental, a verdade oculta, mas mais profunda, de nossa existência. O que você sabe sobre essa condição fundamental de estar no Amor? O que o impede de conhecer isso experimentalmente? Como seu coração responde à possibilidade de conhecer e ser conhecido nesse amor?
6. Se a oração é realmente a ação de Deus em nós, nossa parte é simplesmente permitir que o amor divino transforme nosso coração para que o amor de Deus desabroche como uma resposta ao amor. Como você experimenta essa possibilidade? Como isso o desafia? O que disso seu coração recebe como um convite, e como você escolhe responder a esse convite? Como isso é diferente do que você consideraria ser seu "dever espiritual"?
7. Volte, por um momento, à minha apresentação dos estágios de crescimento como estágios de um romance, conforme proposto por Thomas Green. Sem julgamento, reflita compassivamente sobre onde você pode estar nesse romance com o Transcendente. Talvez você não tenha pensado na jornada espiritual nesses termos. Compartilhe com o grupo seus pensamentos sobre isso.
8. Eu destaquei a importância de sustentar suas visões de Deus com humildade e delicadeza. Há algo nesses primeiros capítulos que questione, fortaleça ou expanda suas visões de Deus? O que aconteceria se você se agarrasse com menos força ao modo como atualmente pensa, entende e se relaciona com Deus? Discuta em grupo as maneiras de apoiarem uns aos outros em suas jornadas para o despertar, abrindo e explorando novas formas de ser que seu coração recebe como convites nesse capítulo inicial.

SESSÃO DOIS
Capítulo 2: Preparação para o encontro divino *e*
Capítulo 3: *Lectio divina* e quatro caminhos clássicos para a oração

Uma vez mais, considere abrir esta sessão com uma breve prática da lectio divina. Comece com uma oração curta, leia uma pequena passagem e depois reserve alguns momentos para as pessoas compartilharem, se quiserem, a palavra que sentiram que lhes foi dirigida neste dia.

1. Em preparação para esta sessão, sugiro novamente que você releia os capítulos dois e três e identifique suas citações favoritas. Para começar esta sessão, compartilhe o que lhe ficou de mais importante da sessão anterior e a citação que o tocou mais profundamente nesses dois capítulos, e como você respondeu a ela.

2. Reflita sobre esta citação de Michael Casey: "A oração não pode ser medida em uma escala de sucesso ou fracasso, porque ela é obra de Deus — e Deus sempre tem sucesso. Quando acreditamos que falhamos na oração, é porque nós decidimos o formato que nossa oração deveria ter e agora estamos frustrados porque não há nada que possamos fazer para concretizar nossa ambição". Você concorda? O que você mudaria em seu relacionamento com Deus e prática de oração, se realmente acreditasse que isso é verdade?

3. Descrevendo a oração como a linguagem e a respiração da alma, sugeri que cada um de nós tem seu próprio dialeto natural de oração. Como você se sente mais confortável para entrar em comunhão com Deus? Que outras linguagens de oração encontradas até aqui no livro você poderia estar interessado em explorar?

4. Pensando na semana que passou, onde Deus esteve esperando para se encontrar com você? De que maneiras Deus pode ter convidado você para encontros divinos inesperados? Como a oração poderia ir além dos momentos formais de oração, se você prestasse mais atenção nesses convites nesta próxima semana?

5. No capítulo três, descrevi a dádiva que a *lectio divina* foi em minha vida, começando por um período em que eu havia quase perdido a esperança de encontrar Deus nas Escrituras. O que você conheceu de desertos e aridez em suas práticas espirituais? O que o ajudou nesses tempos? Compartilhe com o grupo como seria para você uma prática de oração verdadeiramente vivificante.
6. A prática da *lectio divina* permite silêncio e presença, atenção e ser. Como essa prática antiga se compara à nossa prática moderna de oração? Por que quietude e silêncio não estão presentes em grande parte de nossa espiritualidade? De que forma você oferece quietude diante de Deus?
7. Descrevi os quatro movimentos da *lectio divina* como oração holística, no sentido de que ela permite que Deus transforme e integre todas as partes díspares de nós mesmos: mente, coração, imaginação e corpo. Em quais dimensões do seu ser você se sente mais confortável para se abrir para Deus? Com quais você tem dificuldade?
8. A *lectio divina* nos ajuda a ir além de escutar as palavras das Escrituras e avançar para encontro, comunhão e união. Os cristãos com frequência se referem às Escrituras como "a Palavra viva", mas muitas vezes se contentam com o conhecimento intelectual em lugar de um encontro. Como a *lectio divina* poderia mudar sua postura de leitura e escuta em relação às Escrituras? Como ela já fez isso?

SESSÃO TRÊS
Capítulo 4: Oração como atenção *e*
Capítulo 5: Oração como ponderação

Sugiro iniciar esta sessão com três minutos de silêncio, em que os participantes são convidados a praticar o exame diário que foi apresentado no capítulo quatro. Incentive os participantes a entrar nesse período com o desejo simples de notar a presença de Deus durante as últimas vinte e quatro horas. Depois dedique cinco minutos para permitir que as pessoas compartilhem com o grupo as dádivas e os convites recebidos durante essa experiência.

1. Em preparação para esta sessão, sugiro novamente que você releia os capítulos quatro e cinco e identifique suas citações favoritas. Compartilhe com o grupo os pontos mais importantes da sessão anterior e a citação que o afetou mais profundamente nestes dois capítulos, e como você respondeu a ela.

2. No capítulo quatro, sugeri que não oramos para obter a atenção de Deus, mas para que Deus obtenha nossa atenção. Como isso se encaixa no modo como você entendia a oração? Como sua abertura para Deus mudaria se você visse e praticasse a oração desta maneira?

3. Estes capítulos nos lembram da importância da atenção na oração, permitindo que sejamos absorvidos pelo momento ou realidade presentes. Simone Weil afirma: "A atenção, levada ao seu grau mais alto, é a mesma coisa que oração. Pressupõe fé e amor. Atenção absolutamente pura é oração". Pense em uma situação em que você experimentou intensamente a presença de Deus na vida cotidiana. Compartilhe suas reflexões com o grupo. Como você pode abrir mais espaço para a atenção em sua vida?

4. Nossos sentidos são um dom de Deus que nos ajuda a habitar nosso corpo de forma mais plena. Por que você acha que tantas vezes deixamos de lado nossa fisicalidade ou humanidade no que se refere a questões espirituais? O que mudaria para você se tratasse seus sentidos como canais para convites divinos a retornar à presença de Deus?

5. Na oração de ponderação, levamos para Deus as coisas sobre as quais estamos ponderando, e refletimos sobre elas na presença de Deus. No Salmo 13, o Rei Davi apresenta as dificuldades e incertezas em seu coração, sem pedir respostas ou solução para si mesmo ou para Deus. Quanto de sua oração envolve esse tipo de ponderação com Deus? Você se sente bem quanto a se libertar da necessidade de respostas ou ações de Deus e,

em vez disso, simplesmente sentar-se diante de Deus em seu desconhecimento, em suas dúvidas e incertezas?
6. Pense em algo que você esteve ruminando na semana passada. Agora, dedique alguns minutos para compartilhar essas ponderações com Deus. Não exerça pressão sobre essas ponderações nem exija respostas. Depois de alguns minutos, compartilhe com o resto do grupo sua experiência desses momentos de oração de ponderação.
7. Se você tiver feito o exercício do diário que comentei no capítulo cinco, ou se tiver usado o diário espiritual de alguma outra forma, compartilhe sua experiência com o grupo. Que coisas novas você conseguiu ver e entender? Compartilhe com o grupo qualquer mudança na percepção de sua experiência ou vida que isso possa ter produzido. Que valor você vê no diário como um recipiente para a oração de ponderação?
8. Oração de ponderação é oferecer nossa mente e nosso coração a Deus. A maioria de nós tende a dar preferência a um desses em detrimento do outro, muitas vezes nos sentindo bastante desconfortáveis, ou pelo menos desacostumados, a trazer ambos para Deus. Que obstáculos você encontra quando considera entregar seu coração em confiança? O que faz com que seja convidativo compartilhar as ponderações de seu coração com Deus?

SESSÃO QUATRO
Capítulo 6: Oração como resposta e
Capítulo 7: Oração como ser

Considere começar esta sessão com uma prática de três minutos de oração centrante. Inicie convidando o grupo a ficar em quietude e silêncio com a intenção de estar abertos para Deus. Lembre ao grupo as quatro orientações simples: (1) escolha uma palavra de oração ou amor para Deus, (2) sente-se relaxado e quieto, (3) volte sua atenção para o Senhor presente dentro de você, e (4) quando alguma coisa entrar em sua consciência, libere-a gentilmente e retorne ao Senhor com sua palavra de oração. *Convide gentilmente o grupo a voltar para a conversa e dedique mais alguns minutos para deixar as pessoas compartilharem sua experiência.*

1. Em preparação para esta sessão, sugiro novamente que você releia os capítulos seis e sete e identifique suas citações favoritas. Compartilhe com o grupo os pontos mais importantes da sessão anterior e a citação que o afetou mais profundamente nestes dois capítulos, e como você respondeu a ela.
2. A oração com palavras é onde a maioria de nós começa nossa jornada de oração. Mas, embora seja um excelente ponto de partida, se a oração não se mover além das palavras, ela secará gradualmente e se tornará cansativa e frustrante. Quanto você aprendeu sobre trazer seu corpo, imaginação e outras dimensões de si mesmo para a oração? Que medos dificultam isso para você? Que convites você sente para oferecer mais de si mesmo em abertura para Deus?
3. O que você sabe sobre as possibilidades de orar com e por meio de sua resposta à música? E sobre orar por meio de atos de criatividade ou usar as mãos e os pés para ser o canal de suas orações? Como você escolhe responder a esses ou a outros convites que recebeu ao ler esses dois capítulos?
4. Atos amorosos de serviço são uma forma bela e vivificante de orar. "Tal como acontece com o amor, Deus é a origem e o fim da oração. Nosso papel com a oração, assim como com o amor, é permitir que ela flua através de nós." De que forma você se sente movido a ser um canal do amor de Deus? O que o tem impedido de responder mais plenamente a esse convite? Como você poderia responder a ele de forma mais plena?
5. No final do capítulo seis, incentivei-o a aceitar as maneiras como Deus encontra você em sua singularidade. Onde você se sente mais próximo de Deus? Que coisas representam maneiras especiais e importantes de você experimentar a presença de Deus? Como você pode abrir mais espaço para esses encontros que descrevo como oração? Compartilhe com o grupo essas

maneiras de Deus encontrar você em sua singularidade. E ouça o que outras pessoas compartilham, atento a convites do Espírito de Deus que possam ser para você.

6. No capítulo sete, examinamos a oração como repouso na presença do Amado. O que o motiva a considerar a oração dessa maneira?

7. Contemplação é abertura e presença sem palavras para o inefável, para o que está além de nós e além das palavras. Também apresentei algumas das muitas formas de oração contemplativa que recebemos como dons dos místicos cristãos. Qual delas o motivou e por quê? Se a oração contemplativa parece não ser para você, por que acha que isso acontece?

8. Cynthia Bourgeault nos diz que "o que acontece nessas profundezas silenciosas durante o tempo de Centramento não é da conta de ninguém, nem mesmo sua; é entre o seu ser mais íntimo e Deus". De que forma você tendia a medir a "qualidade" de sua experiência de oração? O que sucesso ou fracasso na oração significam para você, depois de ler esses capítulos e o livro até este ponto?

SESSÃO CINCO
Capítulo 8: Vida como oração, oração como vida;
Capítulo 9: Oração transformacional *e*
Posfácio: Abertura confiante

Dedique alguns momentos para uma experiência em grupo da prática de acolhida que descrevi no capítulo oito. Incentive os participantes a notar o que em sua experiência e vida presentes é mais indesejável, depois a perceber que emoções eles experimentam em resposta a isso, em seguida a aceitar essas emoções como parte deles e, então, a libertá-las gentilmente. Depois disso, dê ao grupo mais alguns momentos para compartilhar sua experiência de acolher o indesejável.

1. Em preparação para esta sessão, sugiro uma vez mais que você releia os capítulos oito, nove e o posfácio e identifique suas

citações favoritas. Compartilhe com o grupo os pontos mais importantes da sessão anterior e a citação que o afetou mais profundamente nesses dois capítulos e no posfácio, e como você respondeu a ela.
2. Eu disse que Deus está presente em todos os aspectos da vida e de nosso ser. Quando Deus parece ausente, somos nós que não conseguimos vê-lo, geralmente porque achamos que Deus só habita lugares de luz e esquecemos que ele também está na escuridão. Reflita sobre ocasiões em que você sentiu que Deus estava ausente, perguntando agora: "Onde você estava, Deus, quando isso aconteceu?". Compartilhe com o grupo o que você descobrir ao fazer isso.
3. Considere os quatro aspectos da oração holística: atenção, ponderação, resposta e ser. Que áreas você sente que Deus o está chamando para explorar melhor?
4. No capítulo nove, sugeri que a oração pode ser profundamente transformacional, resultado da ação e da presença de Deus dentro de nós. O que você já conheceu dessa possibilidade?
5. Começamos este livro com o capítulo intitulado "Mais do que se pode imaginar". Enquanto percorria o livro, que dons ou convites você recebeu que poderiam levar a oração a ser mais do que você imagina? Que obstáculos ou bloqueios você encontra que o impedem de abrir todas as muitas partes de si mesmo para Deus?
6. Deus nos convida a nos voltarmos para ele em abertura e confiança, com qualquer grau de fé que tenhamos no momento presente. Que bloqueio você encontra para dizer "Sim!" a esse convite para um encontro com Deus?
7. Deus vem a nós a cada momento como a realidade de nossa vida. De que forma você pode oferecer hospitalidade tanto aos aspectos desejáveis como indesejáveis de sua vida? Que esperança você sente ao saber que Deus nos aceita exatamente com o nível de fé que temos e com todas as nossas imperfeições?
8. Qual foi a dádiva mais importante que você recebeu do estudo deste livro e de seu diálogo com outras pessoas sobre ele?

Como você responderá a isso? Como outros podem ajudá-lo a dar esses próximos passos? E como você pode ajudar outros a fazer o mesmo?

Um guia de discussão em uma única sessão para *abrir-se para Deus*

Considere a ideia de abrir esta sessão com uma breve lectio divina. *Se você nunca fez isso antes, siga o modelo e as sugestões apresentados no final do capítulo três. Não há necessidade de oferecer o modelo completo de múltiplas leituras. Mesmo uma única leitura lenta de algumas frases das Escrituras, deste livro ou de alguma outra fonte devocional adequada pode funcionar bem. Comece com uma oração breve, leia a passagem curta e depois reserve alguns momentos para as pessoas compartilharem qual foi a palavra que ouviram e sentiram que lhes foi direcionada neste dia.*

1. Em preparação para esta sessão, sugiro que você volte ao livro e anote suas citações favoritas. Quando se apresentar para os outros no início desta sessão, compartilhe a citação que o tiver afetado mais profundamente e conte ao grupo como você respondeu a ela.
2. No capítulo um, sugeri que oração é mais do que rezar, mais até do que qualquer coisa que fazemos. Que diferença faria para seu entendimento da oração se você a visse como algo que Deus faz dentro de você? Se a vida toda tem o potencial de ser vivida como oração, compartilhe com o grupo algumas das coisas que você já vive que vão além da oração tradicional.
3. Reflita sobre esta citação de Michael Casey: "A oração não pode ser medida em uma escala de sucesso ou fracasso, porque ela é obra de Deus — e Deus sempre tem sucesso. Quando acreditamos que falhamos na oração, é porque nós decidimos o formato que nossa oração deveria ter e agora estamos frustrados porque não há nada que possamos fazer para concretizar nossa ambição". Você concorda? O que você mudaria em seu relacionamento com Deus e prática de oração se realmente acreditasse que isso é verdade?

4. A prática da *lectio divina* permite silêncio e presença, atenção e ser. Como essa prática antiga se compara à nossa prática moderna de oração? Por que quietude e silêncio não estão presentes em grande parte de nossa espiritualidade? De que forma você oferece quietude diante de Deus?
5. Descrevi os quatro movimentos da *lectio divina* como oração holística, no sentido de que ela permite que Deus transforme e integre todas as partes díspares de nós mesmos: mente, coração, imaginação e corpo. Em quais dimensões do seu ser você se sente mais confortável para se abrir para Deus? Com quais você tem dificuldade?
6. Nossos sentidos são um dom de Deus que nos ajuda a habitar nosso corpo de forma mais plena. Por que você acha que tantas vezes deixamos de lado nossa fisicalidade ou humanidade no que se refere a questões espirituais? O que mudaria para você se tratasse seus sentidos como canais para convites divinos a retornar à presença de Deus?
7. Na oração de ponderação, levamos para Deus as coisas sobre as quais estamos ponderando, e refletimos sobre elas na presença de Deus. No Salmo 13, o Rei Davi apresenta as dificuldades e incertezas em seu coração, sem pedir respostas ou solução para si mesmo ou para Deus. Quanto de sua oração envolve esse tipo de ponderação com Deus? Você se sente bem quanto a se libertar da necessidade de respostas ou ações de Deus e, em vez disso, simplesmente sentar-se diante de Deus em seu desconhecimento, dúvidas e incertezas?
8. A oração com palavras é onde a maioria de nós começa nossa jornada de oração. Mas, embora seja um excelente ponto de partida, se a oração não se mover além das palavras, ela secará gradualmente e se tornará cansativa e frustrante. Quanto você aprendeu sobre trazer seu corpo, imaginação e outras dimensões de si mesmo para a oração? Que medos dificultam isso para você? Que convites você sente para oferecer mais de si mesmo em abertura para Deus?

9. O que você sabe sobre as possibilidades de orar com e por meio de sua resposta à música? E sobre orar por meio de atos de criatividade ou usar as mãos e os pés para ser o canal de suas orações? Como você escolhe responder a esses ou a outros convites que recebeu ao ler este livro?
10. Contemplação é abertura e presença sem palavras para o inefável, para o que está além de nós e além das palavras. Também apresentei algumas das muitas formas de oração contemplativa que recebemos como dons dos místicos cristãos. Qual delas o motivou e por quê? Se a oração contemplativa parece não ser para você, por que acha que isso acontece?
11. Considere os quatro aspectos da oração holística: atenção, ponderação, resposta e ser. Que áreas você sente que Deus o está chamando para explorar melhor?
12. Começamos este livro com o capítulo intitulado "Mais do que se pode imaginar". Que dons e convites você recebeu que poderiam levar a oração a ser mais do que você imagina? Que obstáculos ou bloqueios você encontra que o impedem de abrir todas as muitas partes de si mesmo para Deus?

Edições Loyola

editoração impressão acabamento
Rua 1822 nº 341 – Ipiranga
04216-000 São Paulo, SP
T 55 11 3385 8500/8501, 2063 4275
www.loyola.com.br